对与错的真相
四人对话录

［英］蒂莫西·威廉森◎著　徐召清◎译
Timothy Williamson

Tetralogue
I'm right, You are wrong

上海人民出版社

厄尔·康尼（Earl Conee）

《圣母哲学评论》（*Notre Dame Philosophical Review*）

《对与错的真相》有许多的优点。它活泼而不失深刻。它对重要的哲学话题进行探讨却不陷于陈词滥调。它也不要求任何学术背景。它对任何有意探讨相关主题的本科学生都富有助益。

戴维·洛里默（David Lorimer）

《网络书评》（*Network Review*）

读者必定能随对话的进行而欣赏到逻辑训练和清晰思考的价值——这是另类而迷人的逻辑入门书，它所使用的普通例子会引起许多读者的共鸣。

卡塔里那·D.诺瓦埃斯（Catarina Dutilh Novaes）

《泰晤士报高等教育》（*Times Higher Education*）

《对与错的真相》对初学者而言是一本通俗有趣的哲学入门书，而且专业人士也能体会到将这些主题纳入日常讨论的乐趣。

马修·A.本顿（Matthew A. Benton）

《玛吉内利亚书评》（*The Marginalia Review of Books*）

威廉森《对与错的真相》的优点之一是，聪明的读者会在某些角色身上看到自己的影子。……这是一本珍贵的入门书，其丰富的知识主题，等待那些有更多渴求的人的进一步探索。

目 录

中译本导读

陈　波

《对与错的真相：四人对话录》是一本好读且有趣的书、一本启人深思的书、一本几乎没有什么哲学行话的哲学书，它是由一位当红的牛津大学哲学家写给普通读者的哲学入门书。刚出版不久，就已经或即将出版德文、西班牙文、罗马尼亚文、韩文和中文等语种的译本。

先说说作者蒂莫西·威廉森（Timothy Williamson），他是英国人，却于1955年出生在瑞典，当时他的父母在那里教英语。后来其父母任教于牛津大学，讲授英国文学。他本人也从本科开始就读于牛津大学，直至获得哲学博士学位。先任都柏林三一学院哲学讲师，后任爱丁堡大学逻辑学和形而上学教授，现任牛津大学威克汉姆逻辑学教授。

其主要研究领域是哲学逻辑、认识论、形而上学和语言哲学，其专著有《同一和分辨》(*Identity and Discrimination*, 1990, 2013)、《模糊性》(*Vagueness*, 1994)、《知识及其限度》(*Knowledge and its Limits*, 2000)、《哲学的哲学》(*The Philosophy of Philosophy*, 2007) 和《作为形而上学的模态逻辑》(*Modal Logic as Metaphysics*, 2013)。以我之见，他的著作至少有三个特点：一是高度的原创性，无论威廉森谈论什么哲学论题，他都能谈出一些与众不同的观点，甚至提出惊世骇俗的理论；二是非常技术化，大量使用现代逻辑、概率论等方面的知识；三是不大好读，比较晦涩难懂。威廉森的论著在当代西方哲学界有很大的影响力，他本人也变得大名鼎鼎，学界已经出版了讨论他的哲学的专题文集或多期杂志特刊；他先后当选为英国科学院院士、英国皇家学会院士、欧洲科学院院士、美国文理科学院院士、丹麦文理科学院院士、爱尔兰科学院院士和爱丁堡皇家学会院士等。

这一次，威廉森一反常态，放下身段，采用对话录的形式，为普通读者写了一本带有入门性质的哲学书——《对与错的真相：四人对话录》。该书有统一的主题：反驳相对主义。对话的场景设置在一列奔驰的火车上。首先出场的人物是莎拉和鲍勃，俩人相邻而坐，就巫术和科学展开对话和辩论。随后加入对话的是扎克，一名热情的相对主义者。最后加入对话的是罗克珊娜，一位率直而有点不讲礼貌的逻辑学家，她主张清晰和严格地思考问题，在某种程度上是威廉森本人的化身，这主要就其学术立场而言。就待人处事而言，威廉森是一位非常友善而易于相处的好人（nice person）。

鲍勃在当代社会中算得上"奇葩"：他相信巫术。当他在花园里种花时，花园围墙突然倒塌，压伤了他的腿。他把这件事归因于邻居老太太对他的花园围墙施加了咒语。除了在正规医院诊治外，他也求助于一位号称懂巫术的女巫医。但他并非"不可理喻"。实际上，在对话过程中，他在很多时候表现得很理性。例如，他也讲求"证据"，只不过对"证据"有自己的理解；他寻求因果关系，试图搭建不同事件之间的因果链条；在遭遇异议和反驳时，他利用现代科学也具有的一些弱点为自己辩护；他相信人们的思维不能自相矛盾，也相信在相互冲突的说法中有真假对错之分。他与莎拉合作，在第一幕对话中就把扎克所主张的相对主义逼入绝境。

在对话开始阶段，莎拉是一位当代科学理论及其方法的热情拥趸。她认为，科学之所以值得信赖，是因为它基于可以分享的“证据”，有一套可以操作的程序和方法，并做出一系列可以检验的预言。已有的科学理论已经一再重复地被证实，已经给我们所居住的这个世界造成巨大变化，因而它们肯定是正确和真实的。在其他三位对话者的夹击之下，她后来有所退让，认为或许应该加上限制词：科学理论“很有可能”或“在很大程度上”是真实的，即把概率引入到认识论断言中。她还主张，由于我们人类的认知局限，几乎任何科学陈述（至少在原则上）都是可错的。但她的三位对话者使她明白：像扎克的相对主义一样，她的概率主义和可错论也会导致无穷后退，从而使她的科学失去可靠的立足点。她意识到：“我们不应该如此轻易地说出‘我有可能是错的’，这会贬低它的价值。使‘我知道’太困难和‘我有可能是错的’太容易是同一个硬币的两面。为‘我知道’建立一种我们永远达不到的标准是没有意义的，为‘我有可能是错的’建立一种我们总是达到的标准也同样没有意义。”

扎克是一位旗帜鲜明的相对主义者，威廉森把他写成是福柯、尼采和后期维特根斯坦的精神后裔。他主张，在各种看似相互冲突的看法和主张之间，没有真假对错之分。

从其主张者的立场或视角看，它们其实各有道理，都可以是有用的："它们只是一种观点而已。"但莎拉和鲍勃反击说，当一个人说"这**只**是你的观点"时，隐含的意思是：我不同意你的观点，你的观点很可能是错的。扎克改口说，我应该说"每种观点都是一种观点"，但莎拉和鲍勃反击说：这句话等于什么也没有说，因为谁都知道，你有你的观点，我有我的观点，很多人都拥有或多或少不同的观点。扎克再以福柯的口吻说，相对主义其实是一种生活态度，它倡导宽容和理解，反对独裁和压迫。若把知识视作真理，拥有真理似乎就拥有了某种（政治或道义的）权力，就容易导致对持不同看法者的不宽容。如果我们用相对主义去解构"知识"、"真理"这类绝对主义的话语，所导致的结果就是"解放"和"自由"。其他三位对话者把扎克的这类说法视作"胡扯"，因为即使我认为你的说法是错的，也不意味着我可以在人格和身体上侵犯你：这是完全不同的两件事情。威廉森在本书中把相对主义和后现代主义荒谬化了，或许也漫画化了，忽视了其复杂的形态及其理据。

罗克珊娜在第二幕才加入对话。她率直、冰冷、直截了当，甚至称得上"简单粗暴"；在四个人中，她说得最少，只在关键时刻说几句，像上帝宣布"圣喻"一样。威廉森或许以此暗喻：真理是简单的，且常常不讨人喜欢。她是一位有逻辑学背景的哲学家，当面对“不讲礼貌”的指责时，她的回应是：“如果你想理解真和假，逻辑比礼貌有用。”她坚持亚里士多德的主张：“说是者为非，非者为是，是假的，而说是者为是，非者为非，是真的。”她强调，这些基本原则是关于真的逻辑的根本，仍然居于当代研究的中心。她用这种截然分明的真理逻辑去揭示莎拉的认知概率主义和可错论之“廉价”和“无所谓”，去揭露扎克的各种相对主义和后现代主义论调之“不靠谱”。在我看来，罗克珊娜过于自以为是，在四个人中是说理最不充分的一位。

到第四幕时，事情出现了一点戏剧性：原先在科学理论上持绝对主义立场的莎拉，在遇到道德问题时却变成了一位相对主义者：她希望给任何道德判断加上一个限制词“从我的观点看”，而不愿意径直把它们称作“真”或“假”。以“打嗝”为例：在有些文化中，打嗝是礼貌的，甚至表示对主人所提供食物的赞许；在有些文化中，打嗝是不礼貌的，甚至很恶心。因此，我们无法一般性地判断打嗝是否礼貌，而必须相对于不同的文化背景，道德判断必须相对于很多其他东西才有意义。罗克珊娜反驳说，这并不是支持道德相对主义的例证，而是话语的普遍的语境敏感性的例证。例如，“我在感冒发烧”这句话的准确意蕴取决于是谁说的，对谁说的，在什么情景下说的，一旦把这些隐含的语境因素补全之后，它就是真的或者假的。同样地，把“打嗝是礼貌的”这样的道德判断补全成“打嗝在A文化中是礼貌的”或“打嗝在B文化中是不礼貌的”之后，后者也有确定的真假，亚里士多德关于真假的论断仍然适用于道德判断，莎拉所主张的道德相对主义缺乏充分的理据。

威廉森在本书序言中说出了他的宗旨：“……为了帮助那些刚刚开始哲学思考的人们，无论他们是否意识到了自己正在做什么。我没有假定任何专业的哲学知识，而只想给出一些提示：让人们懂得如何更加清晰、更加精确、也更加深入地思考这类抽象的问题，以及如何避免被肤浅的答案所蒙蔽。那些答案也许听起来很机智，甚至让人觉得深刻，但实际上却以混淆或未经批判就加以接受的错误假设为基础。我想说明，少量的逻辑就能给我们的思想带来秩序。有些时候，它能解决难题；有些时候，它能提醒我们，在那些我们未曾注意的地方，存在难题。”

写到这里，我想起了卡尔·波普尔关于哲学的一些说法："所有的人，无论男人还是女人，都是哲学家。假如他们没有意识到有哲学问题，他们至少怀有哲学成见，其中大多数成见是他们未经考察就接受下来的理论。""诸如此类的理论是所有科学和所有哲学的不可靠的起点。所有哲学都必须从可疑的并且常常是有害的未经批判的常识观开始，其目的是要达到澄明的、经过批判的常识，达到一种更接近真理并对人类生活更少有害影响的常识。""人们有必要批判地考察这些广为流传、影响深远的理论，这就是为职业哲学家的存在权利所作的申辩。"①

再谈谈这本书的写作形式——对话录。对话录曾经是中西古代哲学写作的一种重要体裁。柏拉图以擅长写作"对话录"著称于世，他的绝大多数哲学作品都采用对话录的形式，堪称经典，其中一位主要人物就是他的老师"苏格拉底"。不过，据古典学者研究，"苏格拉底"所说的很多话确实是历史上的苏格拉底所说的或至少会说的，但另外一些话却是柏拉图放到"苏格拉底"嘴里的，借他之口说出柏拉图自己要说的意思。中国经典《论语》实际上是孔子与其弟子的教学对话记录，公孙龙的很多篇章如《白

① 卡尔·波普尔：《我如何看哲学》，孙伟平译，《湘潭师范学院学报》2004年第1期，第7页。

马非马》和《坚白之辩》采用论辩双方诘抗的形式，《庄子》的许多篇章也采用了对话形式，如《濠梁之辩》提出了深刻的哲学问题，作出了有力的哲学论证，堪称中国古代知识论的经典。直到欧洲中世纪和近代，西方哲学作品仍大量采用对话录形式，莱布尼茨、休谟、狄德罗等人都是写作哲学对话录的高手（参阅休谟的《自然宗教对话录》)。这种对于大众读者具有亲和力的对话录在现代哲学中却逐渐退居边缘，几乎消失不见了，除了罕见的例外，如拉卡托斯的《证明与反驳》。绝大多数现代哲学作品都采取学术论著的形式，其中所用的技术和行话使得外行人很难得其门而入，有时候甚至使有不同学术背景的哲学同行也难以理解。作为一位当代享有盛誉的哲学家，威廉森重拾对话录的体裁为普通大众写作，这种尝试值得鼓励和提倡。“哲学”意味着“爱智慧”，但“智慧”会以多种方式发声；其中一种重要方式就是：**对话**。

最后谈一个问题：对话真的能够解决分歧和纷争吗？回答大概是很难。因为大多数人在持有某种观点之前，都付出了很大的理智努力，投入了自己的情感，还隐含自己的利益关切；每个人还有自己的心理定势和思维定势，也有自己的知识局限和理解力局限，很难在一两次对话中就完全理解和接受对方的观点，从而改变或放弃自己的观点。所以，大多数对话的结果仍然是："我是对的，你是错的。"下面也是哲学争论中常见的现象：不同学者一再重申自己原来的立场及其理由，反驳对方的立场及其理由，即使双方都明白对方在说什么，争议仍然很难得到解决。不过，我们也不能夸大我们之间的理智分歧：我们都是人类中的个体，有差不多相同的遗传禀赋，在差不多相同的文化传统中接受熏陶，有大致相同的理智背景和思维习惯，以《对与错的真相：四人对话录》中那四个人为例，尽管他们之间的性格、知识、观点有很大差别，但他们还是可以在一起对话，也能达成某种程度的相互理解，从而或多或少对自己所持的观点有所反思和修正。这就是对话所带来的益处。再说了，在遭遇意见分歧时，若不诉诸对话协商，难道让我们选择拿起刀枪去打架吗?!

2017年2月15日于京西博雅西园

中译本序

你是否曾与人争论却发现各自都不能说服对方？让你们产生分歧的对象也许是衣服或食物，也许是音乐或电影——一个人认为很好，另一个人却认为很垃圾。也可能你们争论的是科学或者宗教，道德或者政治——一个人认为很正确，另一个人却认为很荒谬。你觉得对方不明白你的论点多有力，但你也发觉他对你有同样的感觉。西方的大多数人都有这样的经历，我想中国的情况也不例外。最终，你们每个人都只能向对方说“我是对的，你是错的”，尽管你知道他也会反过来这么说你。因此你们的讨论就会陷入僵局。

如果一方比另一方更强大，较强的一方哪怕没有说服较弱的一方，也可以将自己的观点强加给他。比如，在父母和孩子之间，或老师和学生之间，丈夫和妻子（或相反）之间，老板和工人之间，统治者和被统治者之间，或大国与小国之间，都有这样的争论。出于实际目的，较弱的一方不得不接受对方的观点，而不管自己是否喜欢。在其他情况下，双方的力量对比更加均衡。他们会同意保持分歧，说双方从各自的观点看都是对的，然后就没有更多话可说了。但这样做会对你造成一种内在的分裂。有一个你对两种观点保持中立，认为没有一方比另一方更对。但是如果你最初的观点仍然没丢，那么另一个你还是接受那种观点，因此会拒斥另一种观点，因为两种观点是不相容的。于是，你仍然将自己的观点当作对的，将对方的观点当作错的。然而，带着这种分裂人格来生活并不舒服。

有些时候，我们只是试着忘掉这种令人沮丧的不愉快经历。而另一些时候，我们感到好奇，并希望更深入地反思发生了什么，它有什么意义。有分歧是什么意思？如果两个人或两种文化有分歧，必定有对的一方和错的一方吗？可以双方都错吗？可以双方都对吗？你能够既没对也没错，或者既对又错吗？如果你思考这样的问题，你就已经开始进行哲学思考了，哪怕你从来没有学过哲学，甚至都没有听说过“哲学”这个词。当然，有些人会拒绝这样的思考，将问题当成无意义的而置之不理。但这种置之不理本身就涉及一个有争议的哲学理论：什么是意义？哲学一旦进入你的思想，你就很难从中逃脱，因为你需要使用哲学才能摆脱哲学。

我写这本书是为了帮助那些刚刚开始哲学思考的人们，无论他们是否意识到了自己正在做什么。我没有假定任何专业的哲学知识，而只想给出一些提示：让人们懂得如何更加清晰、更加精确、也更加深入地思考这类抽象的问题，以及如何避免被肤浅的答案所蒙蔽。那些答案也许听起来很机智，甚至让人觉得深刻，但实际上却以混淆或未经批判就加以接受的错误假设为基础。我想说明，少量的逻辑就能给我们的思想带来秩序。有些时候，它能解决难题；有些时候，它能提醒我们，在那些我们未曾注意的地方，存在难题。

我为这本书取的英文书名是 Tetralogue，它的古希腊词源就说明了本书的体裁：四个人之间的四幕对话。对话是最古老的哲学写作方式之一，至少可以追溯到古希腊，特别是柏拉图，他是所有哲学家中最伟大的一位。对话在当代哲学中已经很少见，更常见的是采用标准的学术论文形式。但是，对话之所以更适合我的目的，有以下几个原因。它使我能够直接呈现一场交谈是如何产生分歧，并陷入僵局的，同时也说明了关于日常事件的闲聊如何转向严谨的争论：对某一事件最好的解释框架是什么？我这里举的例子是花园围墙的倒塌，其灵感来源于现实生活，在我刚开始写这本书的时候，我自己的花园围墙就倒塌了一段。名为“鲍勃”和“萨拉”的角色，针对如何解释围墙倒塌有一场争论：一方利用现代的自然科学，另一方则采用传统的民间观念。当争论陷入僵局的时候，名为“扎克”和“罗克珊娜”的角色就登上了舞台，将分歧引向了关于僵局意义的理论之争。既然鲍勃和莎拉都没能说服对方，那么他们都同样对吗？还是说他们当中一个人是对的，另一个人是错的？针对扎克和罗克珊娜的解释，鲍勃和莎拉也有自己的想法，这就变成了一场四个人之间的对话。

你可以猜猜哪个角色的观点跟我最接近。西方的许多读者告诉我，他们在某些角色中能够看出自己真正遇到过的人。我鼓励你在读这本书时也去找一找，看是否有些角色是你在中国也真正遇过到的人，甚至有可能就是你自己。尽管有表面的差异，许多不同的文化中都可以发现某些类似的理智态度。我们都是人类中的一员，我们的本能反应往往是那些对人类来说很自然的东西。逻辑学所独有的严格和缜密的思考方式难以让每个人都掌握，因此日常生活中人们很少使用它。甚至那些多年来一直接受逻辑思维训练的人也常常忘记这样做，尤其是在他们没有刻意进行逻辑思考的时候。但逻辑思考仍然源于人类的常识，只是人们应用它时伴随着不同寻常的谨慎和自觉的反思。

为什么我们要不厌其烦地进行逻辑思考呢？它并非在任何时候都是必要的。有时我们自然的人类本能就足够可靠了。但我们越是深入地反思，越是想知道那些我们习以为常的假定在生活迫使我们回答的新问题上是否仍然成立，我们就越加发现自己在做抽象层次的思考，而常识在那里却迷失了方向。因此，我们需要另一种向导，让我们能够以更加清晰和更加科学的方式找到航向。虽然我们看不到熟悉的地标，它却像在浓雾中导航的罗盘，可以为我们指路。逻辑就是这样一个思想的罗盘。

蒂莫西·威廉森

2016年12月5日

第一幕
调停的危险

莎拉： 等我找到座位后马上就发邮件投诉。要是没有人带头，任何事情都不会进步。“坐上这样拥挤的火车简直让人感到丢脸……他们应该用科学的方法来预测乘客人数。”那里有个座位。咦，鲍勃——在这儿遇见你真是太巧了！

鲍勃： 下午好，莎拉。

莎拉： 我们有好多年没见了吧。啊——你的腿！出了什么事？

鲍勃： 我家花园的围墙突然垮了。那时我刚好在旁边种花。围墙就压到了我的腿上。石膏还要打好几个月。

莎拉： 真是太糟了，我都替你难过。

鲍勃：我从来都不到花园的那个位置去。就去那么一次，围墙就倒下来了。

莎拉：这样啊，那运气真是太差了。

鲍勃：那不是运气的问题。

莎拉：那是什么问题？

鲍勃：还记得住在我家隔壁那个老妇人吗？她最近总给我脸色看。

莎拉：你可能误会了。我觉得她非常友好。在我做慈善募捐的时候，她总会捐点东西。话说回来，她对你家花园的围墙做了什么？

鲍勃：超出你的想象。

莎拉：你究竟想说什么呀？

鲍勃：她从来没有真正喜欢过我。就是因为她，我正好在围墙边的时候围墙就倒了。

莎拉：你该不是说是她把围墙推倒在你身上的吧？我无法想象她会做那种事情。不管怎么说，她都太瘦弱了，不可能把围墙推倒。

鲍勃：我并没有说是她**推**倒的。

莎拉：那你是什么意思？

鲍勃：我曾经看到她独自一人在咕哝什么。

莎拉：我们都有自言自语的时候。

鲍勃：那不是普通的自言自语。那是有目的的。

莎拉：她说了什么？

鲍勃：我没听清楚，但绝不是什么好话。

莎拉：我被弄糊涂了。

鲍勃：围墙倒的时候，她急急忙忙地跑到她家花园里来看。好像是在确认它的确倒在了我身上一样。当然，她假装很担心的样子，还叫了救护车（要是不叫就表现得太明显了）。

莎拉：这就对啦！你也承认围墙倒的时候她是在家里的。倒塌的时候肯定发出了很大的声响，任何人都会跑出来看看发生了什么事。我敢肯定，她和你一样觉得意外。

鲍勃：要远距离地弄倒一堵墙，有很多方法。

莎拉：炸药吗？那太荒唐了。

鲍勃：可以用语言，威力强大的语言。

莎拉：嗯，她倒是可以叫其他人去推倒围墙，但那样你应该就看到这个所谓的同谋了。

鲍勃：语言并不限于和人说话。

莎拉：听起来你好像是在说诅咒！

鲍勃：这正是我想说的。

莎拉：别闹了，鲍勃，现在都 21 世纪了。我们都知道这些东西不管用。就算你的邻居自己也**以为**她给你家花园的围墙施了诅咒，我也敢肯定她并没有，那绝对跟围墙倒塌的真正原因没有任何关系。

鲍勃：那真正的原因是？

莎拉：那堵围墙已经破旧得有一段时间了。上面的瓷砖都坏了，所以雨水可以很容易进到里面，侵蚀墙体内部。墙上有好多地方的水泥都掉了。它注定会垮，只是时间早晚的问题。

鲍勃：是的，但为什么刚好我在旁边种花的时候它就倒了呢？解释一下。

莎拉：有一种完美的自然科学可以解释为什么围墙刚好在那个时候倒。通过普通的物理衰变过程，它已经达到了崩溃点。不幸的是，你在那关键时刻决定去种花，这纯属巧合。

鲍勃：“巧合”！这不是一个很好的解释。

莎拉：如果我们对所有的微观初始条件知道得足够详细的话——

鲍勃：你是什么意思？

莎拉： 我的意思是，我们需要知道在围墙倒塌前你家围墙、你的大脑和他们周边环境中所有粒子和力场的描述。如果我们掌握了以上信息，再结合物理学规律，就能够科学地解释为什么这两件事情会同时发生。这没那么神秘。

鲍勃： 科学**能够**解释巧合，这说起来容易。你只是嘴上说能解释，但你根本就没有给出任何具体的科学解释。

莎拉： 你这样说不公平！你不会指望西方世界的所有科学资源都用于解释为什么你的花园围墙会倒，对吧？我并不独断，只是没有理由怀疑原则上人们可以给出科学的解释。

鲍勃： 那你指望我仅凭信仰就接受这一点？你知道，你并不能把每件事情都了解透彻。而事实上我正给你一种解释。（不能说得太大声。）我的邻居是巫婆。她总是讨厌我。她对我的围墙施加巫术，诅咒它在我下次接近时倒塌。这完全不是巧合。即使有你之前说的原子和分子的所有科学解释，但那也只是施展巫术的技术细节问题，并不能给出任何理由说明两件事情恰好同时发生。唯一说得通的解释就是巫术。

莎拉：你并没有解释你邻居咕哝的话语是**怎样**使围墙倒塌的。

鲍勃：谁知道巫术是怎样起作用的呢？反正它成功了，那个老巫婆的恶意就能解释为何围墙恰好当我在它旁边时就倒塌了。无论如何，我敢打赌，**你**也不能解释我要去种花的想法如何使我的腿运动，让我走进了花园。

莎拉：科学家要解释这种事情只是时间问题。神经科学在过去这些年中已经取得了巨大的进步，他们正在探索大脑和神经系统是如何运作的。

鲍勃：你信仰科学，所以你才这么说。我敢打赌，熟练的巫婆**已经**能够解释咒语如何运作了。她们不会到处分享她们的知识。那太危险了。你凭什么要我相信现代科学而不相信巫术呢？

莎拉：你想想现代科学已展示出的所有**证据**吧。它可以解释如此多的东西。有什么证据表明巫术有效呢？

鲍勃：我家花园的围墙，它就是一个。

莎拉：不，我指的是**适当的**证据，就像科学所能提供的那种在受控实验下获得的统计学上显著的结果，或者其他形式的可靠数据。

鲍勃：你是知道人们曾经怎样迫害或正当地惩罚巫婆的。她们中很多人都饱受折磨，然后被烧死了。如果她们让自己的能力过于明显，做一些可以在法庭上得到证实的事情，那同样的灾难也许会再次发生。难道你希望她们让自己再次陷入那样的困境？再说，巫术在科学的圈子里太不时髦了，有多少科学家愿意冒着自己学术声誉受损的风险，去认真研究巫术，检验它是否有效呢？

莎拉：现代科学已经把人送上了月球。巫术做了什么能与之媲美的事情呢？

鲍勃：我们都知道，所谓的那些男人在月球上的影像其实都是在地球上的摄影棚里拍摄的。而省下来的钱都用于军队了。况且，谁说巫术没有将**女人**送上月球呢？这样的假设不是犯了读书人所说的“乞求论题”①的谬误吗？

莎拉：我不敢相信自己在进行这样的对话。各种科学期刊里充满了现代科学理论的证据，你真的要否认这一

① 乞求论题（beg the question）是一种典型的逻辑谬误，指将还有待论证的结论用作了证明该结论的前提。（本书的注释皆为译者注，特此说明。）——译者注

点吗？难道那些证据不都是反对巫术的吗？

鲍勃：我们怎么知道这些所谓的证据有多少是真的？最近有很多关于科学家伪造成果的丑闻。我们知道，那些被抓的人只是冰山一角。

莎拉：好，如果你愿意，就看看你身边的成功技术。你坐在火车上，我注意到你有一台笔记本电脑和一部手机。想想里面的所有科学。你不会告诉我**它们**是靠巫术来运作的，对吧？

鲍勃：很多现代科学技术本身的运作方式都挺好。幸亏有了它们，我是坐救护车去的医院，而不是坐扫帚。但这并不意味着现代科学能解释一切。

莎拉：如果所有的现代科学本身的运作方式都挺好，那正如我刚才所说的，能证明现代科学的证据不就是反对巫术的证据吗？

鲍勃：我看不出来。你好像以为现代科学意味着巫术没用。为什么你这么肯定？据我所知，你的那些现代科学理论没有说任何与巫术直接相关的事情，没有支持也没有反对。就好像现代科学没有说任何与政客直接相关的支持或反对的事情。但这并不能说明，现代科学意味着政治宣传不管用。为什么现代科学就意味着巫术不管用呢？

莎拉：但是巫术不是应该包含某些现代科学未知的力量？而这些未知力量不是会对科学预测加以干扰吗？

鲍勃：它们可能是现代科学未知的，但现代科学能断言知道一切么？巫术也许能顺着科学规律来运作，以达到自己的目的。巫术说不定还有助于科学的预言成真呢。

莎拉：在原则上或许还不能排除这一点，但在实践中，如果巫术**真的**奏效，那我们不应该有更好的证据来证明它确实存在吗？比如说，难道就不会有巫婆受金钱的诱惑而在电视上成功地表演巫术吗？想想看，在今晚的现场直播上，有一位名人会被变成青蛙，这该有多高的收视率！

鲍勃：就算有巫婆这么做，多数人还是会以为那只是某种戏法。老实说，我都不知道巫术在这种条件下是不是还有效。魔法可能会进行自我保护，以免在公共场合中暴露自己。它并不是对每个人都适用。

莎拉：别乱找借口了。你一直在解释巫术为何缺乏证据。让我们这么说吧。现代科学有大量的证据支持，但巫术却没有严肃的证据支持。我们都知道，历史上大多数所谓的巫术案件中，被指控的人要么是穷苦无辜的老妇人，她们被告发是因为邻居不愿给她们施舍却又害怕被指责，要么是乡村医生，他们被告发是因为不能治好村民的小孩，要么是其他类似的人。你不能指望我相信这些16和17世纪在残忍的酷刑下获得的供认是真的。到目前为止，对此类现象最简单的解释不就是巫术仅仅是骗人的鬼话吗？

鲍勃： 你的解释简单但并不真实。你说得没错，许多所谓的巫婆不是真的巫婆。或许大多数都不是。那些喜欢在午夜裸舞的粗俗的中产阶级妇女肯定都是骗子。但这不意味着没有真的巫婆。说自己聪明的人并不聪明，但仍然有些人是真的聪明。太聪明了以至于不说自己聪明。有太多发生在我和其他人身上的事情不用巫术就没法解释。当我看着那些事情的所有证据时，很明显就能得出，有真正的巫婆。隔壁的那个老女人就是一个。看看我的腿。

莎拉： 你是只信巫术呢，还是各种各样的迷信都信？

鲍勃： “迷信”！我是从自己的亲身经历中知道巫术的，不是其他人告诉我的或从书上读到的。如果是没有经历过的事情，我倒能试着以开明的态度来接受。

莎拉：“开明的态度”！你刚刚用你的成见来解释你的经历。你扭曲了你的花园围墙的故事，以满足你为自己的不幸寻找替罪羊的渴望。

鲍勃：“扭曲”！你又没看见那个老妇人的脸色。我看到了。她才是扭曲的人。

莎拉：跟你争论毫无意义。没有什么会动摇你对巫术的信心！

鲍勃：那有什么会动摇你对现代科学的信心吗？

扎克：抱歉，两位，恕我插一句嘴：我无意中听到你们的谈话。你们俩似乎都很不高兴。或许我可以帮忙。如果我说得没错，你们都以“我是对的，你是错的”这种优越态度来看待对方。

莎拉：但我就是对的，他就是错的。

鲍勃：不，我才是对的，她才是错的。

扎克：你们看吧：僵局。我猜，你们都不能明确地**证明**对方错了。

莎拉：或许这会儿在这列火车上不行。但我们走着瞧，看科学会如何发展——那些试图给它设定限制的人，通常的结局都是被鸡蛋打脸。

鲍勃：你才需要走着瞧，看成为咒语的受害者会怎样。那些试图为巫术设定限制的人，结局比鸡蛋打脸严重得多。

扎克：但你们各自从自己的观点看，不是都非常正确吗？你——

莎拉：莎拉。

扎克：很高兴认识你，莎拉。顺便说一下，我是扎克。莎拉所说的从现代科学的观点来看，非常合理。而你——

鲍勃：鲍勃。

扎克：很高兴认识你，鲍勃。鲍勃所说的从传统巫术的观点看也非常合理。现代科学和传统巫术只是不同的观点，但各自在自己的立场上都是有效的。它们都是同样可理解的。

莎拉：它们或许是同样可理解的，但它们不是同样为**真**。

扎克："真"：这可是非常危险的词语，莎拉。当你通过这扇窗户欣赏乡村美景时，你会坚持说你看到的是对的，而人们通过火车另一边的窗户看到的就是错的吗？

莎拉：当然不会，但这不是恰当的对比。

扎克：为什么不是呢，莎拉？

莎拉：我们之所以通过窗户看到不同的东西，是因为我们看的方向不同。而现代科学和传统巫术思想所看的是**同样的**世界，但说的却是不相容的东西，例如是什么导致了鲍勃的围墙倒塌。如果一边是对的，另一边就是错的。

扎克：莎拉，因为你坚持某一方必须是对的，而另一方必须是错的，这才使得它们不相容。那种审判式的争论来自这样的想法：我们能够采取上帝的视角，对其他所有人进行审判。但我们都只是人类。我们不能相互做出那种对或错的最终判决。

莎拉：但是，扎克，你说鲍勃和我**错误地**假定了现代科学和巫术有对错之分，你难道不是在说自己所说的没有对错之分是**对的**吗？事实上，难道你没有自相矛盾吗？

扎克：我只是说你们各自从自己的观点看都是正确的，用各自的意见来审判对方都是没有帮助的。

莎拉：难道你不是在用你的意见来审判我们两个吗？

扎克：我没有审判任何人，莎拉。我只是想帮忙。

莎拉：嗯，我也是在帮助鲍勃，给他解释他不用担心隔壁邻居的诅咒。我们都能够从现代科学那儿获得比巫术更多的帮助。

鲍勃：现代科学怎样帮我对抗咒语？

莎拉：告诉你根本就没有咒语需要对抗。

扎克：莎拉，你没看出来吗？鲍勃**正**从巫术的观点中获得帮助。这件可怕的、痛苦又麻烦的事情发生在他身上：围墙毫无预兆地倒塌并压断了他的腿。灾难发生在看似没有意义的时候，**尤其**使人难以承受。通过采取巫术的观点，鲍勃成功地使他的不幸变得有意义。这对他而言有意义，并且——如果我没说错，鲍勃——你看起来非常振作。如果鲍勃感到他采取现代科学的立场，他的不幸就会完全没有意义——因为科学会将那场事故解释为随机的，毫无意义的——那么，如果他采取传统巫术的立场，他会反对你和我中的哪一个呢，莎拉？目前来看，巫术或许比现代科学能给他更多帮助。

莎拉：幸好我们的社会整体不再采取传统巫术的观点。否则，鲍勃的告发就会使那位无辜的妇人被烧死。

鲍勃：无辜，你看我的脚！

莎拉：我们的社会完全不需要巫婆审判这种“帮助”。科学已经将我们从那种迷信中解救出来，使我们在适当证据的基础上，能够更加理性地处理问题。我们比那些烧死巫婆的人知道得更多。

扎克：我也不想烧死任何巫婆，莎拉。那些烧死巫婆的人用以审判巫婆的方式正好是我要批评的。但研究巫术审判的历史学家必须理解烧死巫婆的人的立场，否则他们就不能理解发生过的事情有什么意义。烧死巫婆的人不会认为自己受到了非理性的迷信的控制。

莎拉：当然不会，但他们的确受到了非理性的迷信的控制。

扎克：你研究过 17 世纪的巫术理论吗，莎拉？

莎拉：我不需要。

扎克：它们自有一套复杂的逻辑。莎拉，你有什么权利坚持认为其他所有人都必须采取你的观点，尤其是在你都不想弄明白他们的观点实际上是什么的时候？

莎拉：这不只是**我**的观点，这是现代科学的观点。这是我们能够获得的最好的观点。有一种东西叫做进步。现在的法庭也接受来自 DNA 测试的证据。你认为他们应该接受来自浸水椅之类的传统巫术测试的证据吗？

扎克：莎拉，那不是我的观点。

莎拉： 从你的观点看，有何不同？为什么法庭应该接受基于现代科学理论的证据，而不接受基于传统巫术思想的证据？

扎克： 莎拉，在我们的社会中，现代科学理论比传统的巫术思想更受重视。

莎拉： 我不是问你为什么是这类证据，而不是其他证据**被**法庭接受，我问你的是，为什么它们**应该**被接受？

扎克： 莎拉，在任何社会中，像法庭这样的公共决策团体需要普遍的认可才能更好地起作用。他们必须被人们认为是合法的。如果他们的决策没有决定性作用，那就会导致混乱。如果法庭采纳了由较低社会认可度的理论得出的证据，或者拒绝了由较高社会认可度的理论得出的证据，那么它们就会丧失公信力。

莎拉： 那么如果传统巫术的信念重新获得较高的社会声望，那么法庭就应该接受基于巫术的证据？

扎克： 目前，我们并不属于巫术信念具有较高声望的社会。那种社会的法律程序应该由**它的**成员来决定，而不是我们。不管是好还是坏，传统的巫术信念恰好在我们当前的社会中具有较低的声望。

鲍勃： 但这不意味着它们是错的。

扎克：我赞同，鲍勃。

鲍勃：如果法庭开始重视巫术，那它们会做出更好的判决。

扎克：你说的“更好”是指什么，鲍勃？

鲍勃：让更多有罪之人被判罪，减少无辜蒙冤之人。

扎克：但谁能决定谁有罪、谁无辜呢，如果不通过公认的法庭？

鲍勃：法庭不可能做出错误的裁决吗？

扎克：嗯，某些裁决的确在申诉后被撤销。

鲍勃：我不是说那个。想象一下，隔壁的女人因为对我造成严重的身体伤害今天被起诉了，却没有办法给她定罪。而我也不能对无罪判决上诉。大家都知道，实际的情况是她甚至都不会被起诉，更别说被定罪。但这些都不意味着她没有罪。

扎克：那谁能判断她是否对你造成了严重的身体伤害，鲍勃？你不能在自己的案子中担任法官和陪审团，正如你的邻居也不能担任一样。

鲍勃：我不想成为法官。我只是认为如果法庭对证据的接受不那么狭隘，不那么尊重法律，那他们的工作会做得更好。

莎拉：难道法庭的宗旨不是必须尊重法律么？

鲍勃：你知道我是什么意思。在过去，法庭不接受 DNA 证据。**你**肯定认为他们现在接受是更好的，莎拉。

莎拉：是的，当然。

鲍勃：如果他们也接受基于传统巫术知识的证据，那会更好。但在我看来，如果没有更多有权力和有影响的人——而不是我这样的普通人——重新开始尊重那种知识，他们是不会那么做的。扎克，你认为需要做些什么，才能使我们的社会像以前那样尊重巫术存在的现实呢？

扎克：好吧，鲍勃，我想，如果在学校里有人把这些信念教给孩子们，在一流的大学中也有人研究它们，那么从长远来看，它们就会被更多人接受。当然，需要像科学理论一样来教，而不是像很久以前的人们曾经坚持的，或者某些所谓的“原始”社会的人们仍在坚持的古朴信念。

鲍勃：只有那样才公平。然后人们可以自己决定，而不会被无知的故事吓跑。

莎拉：如果我有**你的**观点，鲍勃，我会给报纸写封联名信，要求所有的孩子们在学校都接受巫术教育，大学里都要研究巫术，就像现代科学一样。当然，我不会签名。我完全不赞成这个提议。

鲍勃：好主意，莎拉。你会签名吗，扎克？

扎克：我想不会，谢谢了。

鲍勃：为什么不呢？

扎克：从个人角度说，我不用巫术的术语来考虑问题。我认为那些词汇没用。

莎拉：我想象中的以鲍勃的名义发出的公开信里，不会要求禁止在学校里教授科学，或者禁止在大学里研究科学。它只是要求现代科学理论和传统巫术信念的教学时间和研究资助相同。从你的观点看，这有什么好反对的呢，扎克？

扎克：要在学校里教授**所有的东西**，我们没有足够的时间。必须做出选择。既然现代科学在我们的社会中居于比传统巫术信念更中心的位置，我们的教育系统给它们优先权不是合理的吗？

鲍勃：从你刚才所说的来看，如果现代科学在我们今天的社会中比巫术更流行，根源在于学校在对待它们的态度上有差别。难道你现在不是在说我们应该教给孩子们那些我们已经教给他们的东西吗？这难道不是恶性循环吗？再说，你怎么知道巫术目前在我们社会中**不是**处于中心的位置呢？正如我之前试图向莎拉说明的一样，许多事情的发生只有通过巫术才能得到恰当的解释。假如我们社会中有人因为巫术而遭到伤害，染上疾病，变得不幸，甚至走向死亡，那都不能使巫术重要到应该在学校和学院中教授吗？

扎克：鲍勃，你真的希望教育系统发生这样的转变吗？

鲍勃：短期内不会，那是当然。或许在 50 年内可以。如果那是好的转变，为什么我不应该为之一战呢？

扎克：鲍勃，你能为我定义一下“好的转变”吗？

鲍勃：你自己定义吧。你会使用这样的拖延战术来对抗废奴运动的战士么？当他们说那是好的转变，你会让他们定义“好的转变”吗？用你自己的话说：如果向孩子们教授巫术“从我的观点看”是好的转变，为什么我不能为之而战呢？

扎克：我不会阻止你，鲍勃。

鲍勃：那么你会帮助我吗？

扎克：不会的，鲍勃。

鲍勃：为什么不？

扎克：我已经告诉你了，鲍勃。从**我的**观点来看，那不是好的转变。

鲍勃：当你刚开始打断莎拉和我的争吵时，我还以为你想帮我辩护，对抗她那知识分子的势利。

莎拉：抗议！

鲍勃：好吧，要是你愿意，就说是高等教育。扎克，我并不认为你真的**相信**巫术，我只是以为你对它采取开明的态度。现在我才明白，你和莎拉一样，对它持有偏见。

莎拉：还是抗议！我不相信巫术是有证据和理由的，这不是偏见。

鲍勃：随便你怎么说，反正你不把巫术当回事。我要说的是：我刚开始以为扎克比你更把巫术当真，现在我意识到他没有。

扎克：我真的把巫术当成一种观点，鲍勃，正如我真的把现代科学当成一种观点一样。

鲍勃：你只是说你知道有我这样的人真诚地**相信**巫术，过去有更多的人也相信，某些外国人现在仍然相信。

扎克：正如我也知道有莎拉这样的真诚地相信现代科学的人，鲍勃，并且他们这种**信念**在许多社会中都变得很流行。

鲍勃：你对现代科学的态度还是比对巫术的态度多了某些东西。

扎克：你怎么会这么说呢，鲍勃？

鲍勃：想象一下，扎克，假如你感觉非常不舒服。虽然我希望你不会，但世事难料。你等了好多天，也没觉得好转。你去看医生。他让你去看专家号，然后给你开了各种现代医学的昂贵检查。他看到检查结果后，确定你出了什么问题，并且告诉你必须吃什么药，必须接受什么治疗（也是以现代医学为基础的）才能感觉好点，甚至才能使你活命。你会服从医生的命令，对吧？你不会去找一个懂得巫术的聪明女人，然后遵从她的建议。

扎克：我承认我是一个典型的西方白种男人。和我具有相同观点的人通常更相信现代医学的治疗，而不是相信传统巫术的治疗。但我承认，你的观点与众不同，我同样尊重。

鲍勃：如果不是同样信任，同样尊重有什么用？

莎拉：等一下，鲍勃。你的腿也是在正规医院打的石膏，对吧？你没有去找懂得巫术的传统的聪明女人，对吧？医院的医生接受的是现代医学的训练，而不是巫术的训练。你真的对你确信的东西有足够的勇气么?

鲍勃: 我能做什么呢? 是的，我的确在本地的医院接受的治疗。它的声誉并不太差。我是在去那里的救护车上才开始思考发生了什么。我突然想到，这完全是隔壁的丑老太婆的错。但那时已经太晚了。我告诉你，我当时很担心，尤其又是她叫的救护车。我不知道是谁在真正驱使那辆车，它究竟会将我带去哪里。我的腿已经那样了，救护车又开得飞快，根本就没有希望逃脱。但我不认为她想让我死。那会引来警察的查探，询问一些古怪的问题。她不喜欢他们的查探。总之，当我能够从医院离开的时候，我立刻就一瘸一拐地走到我认识的聪明女人那里。她擦了些特别的草药在石膏上，保护它免受巫婆的诅咒。这草药非常有效。她还给了我一些药膏，擦到我身上其他痛的地方。我用它代替医院给我的止痛药，很快就觉得好多了。那个聪明的女人非常神奇。我后背疼了很多年，医生都毫无办法。她给了我一个小袋子挂在脖子上。第二天早上后背就不疼了。从来没有复发过。

莎拉：安慰剂效应。

鲍勃：不管是什么，它管用。我现在有问题，就经常咨询她。她就是这样助人为乐。她告诉我医院对我的腿的治疗没有坏处，因为诅咒在墙上，而不是在我的腿上。去年她告诉我不要看电视了，因为那会导致我头疼。我就戒掉了电视，现在我很少会头疼。

莎拉：你会为她的服务付钱吗？

鲍勃：她从来不要钱。我总是给她带点小礼物。那只是礼节。她治好我背痛的时候我给了她一些钱。她不想收的，但我坚持要给。

莎拉：我为怀疑你的真诚而道歉，鲍勃。你真的相信那些东西。你不只是说说，你还为你的观点付了钱。扎克，你必须承认，你对传统民间医学的任何尊重都不如你对现代科学的医学尊重多。

扎克：我确信某些传统的民间疗法非常有效，莎拉。

莎拉：比起不遵医嘱而去咨询民间的聪明女人，听从她的建议且付钱给她，你只是这样随口说说相信传统疗法可是差远了。

扎克：莎拉，我从来没有说过传统民间医学**对我来说**和现代科学医学一样有效。我不会装着去告诉别人他们应该采用何种医学。作为真实生活方式的一部分，我尊重各种形式的医学。

鲍勃：你去找过聪明的女人吗？

扎克：我有时候会因为糖尿病去咨询一位女医生，鲍勃。我认为她非常聪明。

鲍勃：你知道我说的不是那个意思。你去找过懂得巫术并知道如何保护你免受巫术之害的女人吗？

扎克：不，我没有，鲍勃。

鲍勃：那你怎么知道你所谓的糖尿病不是由巫术引起的？毕竟你的医生也没有治好它，不是吗？

扎克：是的，鲍勃，当然没治好，糖尿病是无法根治的。但医生们在如何管控糖尿病方面，已经给了我难能可贵的帮助了。

鲍勃：如果真的是巫术所致，我那聪明女人可能会做得更好。我的手机上有她的电话号码。我可以马上替你打个电话，解释一下情况，然后让你预约她。

扎克：不了，谢谢你。你真的很好，鲍勃，但我想我不会预约的。

鲍勃：为什么不呢？你至少应该让她试一试。要是你不喜欢她的建议，你完全可以不听——尽管那会酿成大错。你有很严重的病。它使你的生命艰难而危险。你的医生都治不好。为什么你不愿意尝试一下其他方案呢？它可能会消除你的苦恼。你怎么知道它不会管用？如果你不愿意付钱，也可以不用付的。

扎克：我不是在担心钱，鲍勃。只不过从我的观点看，这不是一个有希望的建议。

鲍勃：在我看来，你只是嘴上尊重我的观点。你并没有把它当真，甚至都不愿意用举手之劳去看看它是否比你的观点更好，尽管你的命都可能要靠它。你根本就不相信哪怕有一丁点儿的可能是巫术导致了你的困扰。要不然，你就会有完全不同的做法。我更喜欢莎拉拒绝我的信念的方式。她甚至都不假装去尊重它们。她非常坦率地反对我。她直接与我争论，面对面地争论。至少她对我的观点足够重视，将它当成她自己观点的对手，尽管是她所轻视的对手。

莎拉：这有点刺耳！

鲍勃：你知道你就是这么想的。总之，我更喜欢莎拉的态度。她对我足够尊重，还愿意来反驳我。你的态度，扎克，你以高人一等的姿态，告诉我你多么尊重我的观点，到头来你根本就不重视它，甚至都不愿意反驳它。对你来说，它不是你所轻视的竞争对手，它甚至都不够格来竞争。

扎克：为什么必须竞争呢，鲍勃？为什么不同的观点不可以相互合作，而必须彼此竞争呢？

莎拉：要成为**你的**观点，不是需要竞争么？你不能同时采取现代科学理论的观点和传统巫术信仰的观点。如果传统巫婆的建议与你的医生的建议相冲突，你不可能两个都遵从。当出现这种情况的时候，你接受你自己的观点，而拒绝鲍勃的。

扎克：但这不是说我的观点就比其他人的**更好**，莎拉。

莎拉：没有人说你的观点比其他人的更好，扎克。

扎克：我没有轻视你的观点，莎拉。

莎拉：听你这么说我很高兴。

扎克：我也没有轻视你的观点，鲍勃。

鲍勃：你只是嘴上这么说。

莎拉：扎克，每次问到你更偏向谁的观点时，你就回到不同观点相互独立和平等的想法上。你用这样的方法保护自己的观点不受严肃的批评和竞争，以免各种观点会比对方差。但你也避免了让自己学得更好。

例如，你似乎对你关于观点的观点非常满意。我相信，这种观点就是某些人所说的“相对主义”。

扎克：是的，莎拉，如果你愿意，你可以把我的观点称作“相对主义”。这是许多人在反思了关于观点的对立态度之后所坚持的观点。如果你愿意，还可以将那种对立的观点称为“绝对主义”，它坚持把观点分为“对的”和“错的”。绝对主义以上帝或进步的名义，导致了成千上万人的死亡。

莎拉：当你这么说的时候，你不是隐含地将相对主义归类为“对的”，将绝对主义归类为“错的”吗？

扎克：不，莎拉，你试图将我引入之前的圈套。我只会将相对主义归类为“我自己目前的观点”，将绝对主义归类为“其他某人目前的观点”。

莎拉：但你不是试图给鲍勃和我一个**偏爱**相对主义而非绝对主义的理由吗？你不是认为相对主义在某种意义上比绝对主义观点**更好**吗？

扎克：但并不是在一个对另一个错的意义上说的，莎拉。

莎拉：那是在其他的意义上？

扎克：正如我说过的，成千上万的人因绝对主义的观点而牺牲。有人曾因为相对主义而牺牲吗？

莎拉： 你似乎在暗示，相对主义比绝对主义更好，因为采取相对主义导致更小的危害。你以它们的效果好坏来评判各种观点。

鲍勃： 如果科学最终通过污染和大规模杀伤性武器而毁灭人类（这是很可能发生的），又会怎样呢？那么，根据扎克的标准，相信巫术比相信现代科学要好得多——不管怎么计算，它都没有做过那么危险的事情。

莎拉： 是的，即便从来都没有存在过巫婆！你不能因为政治领导人所带来的邪恶的军事应用而责备科学。而且你也不能阻止科学的进步。当然鲍勃关于人类可能结局的提法表明，一个信念的真假与相信它后结果的好坏是完全不同的问题。

扎克： 莎拉，我只讨论**结果**，采取一种观点而非另一种的结果。绝对主义者们才使用“真”和“假”这样的词语。

莎拉： 那你怎么确定结果是好还是坏？对这个问题而言，你是绝对主义者还是相对主义者？

扎克： 我对任何事情都不是绝对主义者，莎拉。结果可以对一个人好，但对另一个人坏。

莎拉：大屠杀对制造屠杀的人可能是好的。1945 年 4 月末，如果希特勒[①] 在防空洞里按下一个按钮就能消灭全人类，他可能就那么做了。从他的观点看，这样的结果也比盟军的胜利更好。难道你不认为和平的生活比惨烈的死亡更好吗？

扎克：从我的观点看它更好，莎拉。从你的观点看难道它不是更好吗？

鲍勃：从我的观点看，是的。

莎拉：当然，从我的观点看也是。但这和相对主义有什么关系呢？一个人难道不可以既是相对主义者，同时又更喜欢惨烈的死亡而不喜欢和平的生活吗？

扎克：希特勒不是相对主义者，莎拉。

莎拉：我没有说他是。我只是说，如果相对主义与喜欢和平的生活而非人类灭绝是相容的，那么它也同样与喜欢人类灭绝而非和平的生活是相容的。它并没有说哪一个会更好。

扎克：相对主义者不想将自己的观点强加给别人，莎拉。

---

① 阿道夫·希特勒（Adolf Hitler，1889—1945），德意志第三帝国元首，纳粹党党魁，第二次世界大战的发动者。纳粹德国在“二战”期间犯下种种罪行，迫害并屠杀近六百万的犹太人。

杀人是将自己的观点强加给他人的终极方式。让大家保持和平的做法没有强加任何东西。

莎拉：你仿佛在说相对主义蕴含着宽容比不宽容更好。我没有看出来怎么蕴含的。

扎克：如果我不能说我的观点是对的，你的观点是错的，莎拉，我有什么权利能将我的观点强加给你呢？

莎拉：你说的是绝对的权利，还是相对于你的观点的权利呢？

扎克：我指的是从我作为相对主义者的观点看的权利，莎拉。

莎拉：或许从**你**个人的观点看，**你**没有权利，但从**别的**不那么友善的相对主义者的观点看，为什么他不能有权利将其观点强加给其他人？

扎克：相对主义并不蕴含那个，莎拉。

莎拉：我没有说相对主义蕴含恶毒的相对主义者有权利将自己的观点强加给他人。我的观点只是，它**并不**蕴含他**没有**权利将自己的观点强加给他人。它是中立的。我们有或没有权利是和道德有关的事情。当然，说“对”的道德准则违背了相对主义的精神。如果相对主义对价值问题是中立的，那么它就没有说

"宽容比不宽容更好"，也没有说"不宽容比宽容更好"。它将这个问题留给个人自己的观点来决定。要做一个不宽容的相对主义者不会比做一个宽容的相对主义者更不一致。

鲍勃：坦率地说，我不清楚相对主义**说的**是什么。当我说巫术弄断了我的腿，扎克并没有公开的同意和反对，他只是说"那是你的观点"。

扎克：那是我的观点，鲍勃。

鲍勃：诚实一点，扎克。你的观点不也是说巫术**没有**弄断我的腿吗？

扎克：从我的观点看，鲍勃，它没有。但那也只是我的观点。

鲍勃：你能像个男人一样说话，直接说巫术没有弄断我的腿吗？

扎克：我已经说了，鲍勃：从我的观点看，它没有。不要指望我对你表演整套克林特·伊斯特伍德。[①]

鲍勃：我不是让你攻击我。我只是问你是不是有勇气说

---

① 克林特·伊斯特伍德（Clint Eastwood，1930— ），美国著名的动作明星、导演和制片人。这里的用法就好像我们说"表演一套叶问"，而不说表演一套咏春。

"巫术没有弄断鲍勃的腿"，而不加上那只是你的观点来削弱你自己的话？

扎克：不管我说什么，鲍勃，我都是从我自己的观点说的。

鲍勃：那你同意，从我的观点来看，是巫术弄断了我的腿吗？

扎克：那是你的观点，鲍勃。

鲍勃：你怎么知道那是我的观点？

扎克：你刚刚告诉我的，鲍勃。

鲍勃：我可能说谎了。就**你**所知道的而言，我有可能只是假装相信巫术。

莎拉：你**之前**只是假装的吗？

鲍勃：不，当然不是。我不是那种人。但你和扎克只能从我说的话出发。你不可能真的知道我头脑里想的是什么。

扎克：那么好，鲍勃。从我的观点看：从你的观点看，巫术弄断了你的腿。

鲍勃：你确定你知道自己的观点是什么吗？

扎克：有什么问题吗，鲍勃？

莎拉：事实上，我认为鲍勃可能说到了某些重要的东西。不仅要知道别人的头脑中在想什么很困难，有时候要知道自己头脑中在想什么也很困难。自我认识并不总是容易的事情。例如，人们经常在是否相爱上犯错。而我也不清楚自己在你说的某些事情上的观点是什么，扎克。

鲍勃：你总是知道自己的想法吗，扎克？

扎克：鲍勃，我没有说自己在这方面比其他人都好。

莎拉：有时候我告诉别人我相信某件事情，是想着要诚实的，但后来我意识到自己并不相信那件事，甚至在那个时候也不相信。例如，在我还是个小女孩的时候，我常常与我的朋友们讨论牙仙女①是否真的存在。我记得我非常肯定地对他们说我相信她存在。但几秒钟之后，我逐渐明白了：好几个月以来，我都不是真的相信牙仙女存在。我非常清楚，是我的妈妈或爸爸把钱放在我的枕头下的。你身上也发生过类似的事情吗，扎克？

扎克：我也是人，莎拉。

莎拉：我们也这么以为。所以关于你自己的观点的观点，

---

① 根据美国民间文化的传说，牙仙女（Tooth Fairy）专门收集小孩子换牙时掉落的牙齿，小孩子把自己掉的牙齿放在自己的枕头下面，就会得到一些礼物，不然就会遭到厄运。

你也有可能弄错，正如你的其他观点一样。这正是让我困扰的地方。在不注意的时候，你说巫术没有弄断鲍勃的腿。但当鲍勃对你提出挑战时，你退一步说，巫术没有弄断鲍勃的腿，**这只是你的观点**。鲍勃也可以同意那是你的观点。但是，假如我开始怀疑，扎克，你不是真的知道自己的想法，在内心深处，你其实相信巫术。所以，我挑战你的下述说法：巫术没有弄断鲍勃的腿，这只是你的观点。我怀疑这不是你真正的观点。那么你要说什么呢？

扎克： 巫术没有弄断鲍勃的腿，这只是我的观点，**这一点也只是我的观点**，莎拉。

莎拉： 也许你不像自己以为的那样是一个相对主义者。你怎么知道相对主义真的是你的观点呢？

扎克： 好吧，莎拉，相对主义是我的观点，这也是我的观点。

鲍勃： 我被绕晕了。

莎拉： 鲍勃，当扎克面对不同意见时，他有一个标准的策略。他在他所说的任何东西之后加一句“……这是我的观点”。每当你要挑战他的某个说法时，他就转到另一个说法，说他之前的说法**是他的观点**。

鲍勃：我注意到了。

莎拉：他甚至在别人询问他关于自己的观点的主张时也这么做。他退一步说只是从他自己的观点看那是他的观点。

扎克：我不接受“退步”一词，莎拉。我宁愿说“进步”，因为我把那只是我的观点摆在台面上。

莎拉：那是退步，因为你从自己之前所说的后退了一步，只是说一些关于自己的观点的事情。比如，我们刚才在讨论什么弄断了鲍勃的腿。那不是关于你的，扎克。我们没有讨论你的观点。

扎克：我们每个人都只是从自己的观点出发进行讨论，莎拉。难道你想我从**其他人**的观点出发进行讨论吗？

莎拉：**从**某个观点出发进行讨论与**讨论**某个观点并不相同。

扎克：我们都应该对我们从哪里而来保持开明和坦率，莎拉。

莎拉：是的，确实如此，但这不能作为改变主题的借口，不能每当遇到挑战时就只谈论自己。而你已经走上没有尽头的、无穷的后退之路。每当你的某个说法遇到挑战的时候，你就后退一步，在你最后说的话后面增加“……这是我的观点”，而不是坚持原来的观点。你根本就没有一个稳定的立场。

扎克：稳定有什么好呢，莎拉？我们都很高兴这列火车在运动，而不是静止不动。

莎拉：那不一样。这次旅行不会永无止境。只需一点点好运，火车就会将我们带到终点。而你的撤退没有终点，因为每当遇到压力的时候，你就总是从你先前以为的终点再后退一步。换种说法，你在试图向我们兜售这件闪亮的新产品，相对主义。

扎克：你说的不对，莎拉。那是古老的洞见。在古希腊时期就有相对主义者，比如普罗泰戈拉。[①]

莎拉：好吧，如果你更喜欢这么说，你是在试图向我们兜售这件破损的旧产品，相对主义。我们问你我们到底会买到什么。你告诉我们那是一种关于观点的观点，它说的是没有任何观点是绝对的对或绝对的错。

扎克：是的，但是，我没有试图将它**卖**给你们。我免费给你们的。不需要付钱。如果你们觉得有用，非常好。如果你们不愿意用它，那也是你们的决定。

---

① 普罗泰戈拉（Protagoras，约公元前490—前420年，或公元前480—前410年），古希腊智者派的代表人物。他的名言“人是万物的尺度”常常被冠以相对主义的解释。

鲍勃：如果汽车厂免费给我一辆车，我也不敢开。谁知道那辆车会有什么问题呢？

莎拉：再说，我们是要付出代价的。我们需要用我们现有的汽车（绝对主义）来交换，以获得另外一辆。

扎克：开你现有的这辆是会死人的，莎拉。

莎拉：我想回到我的观点。有人认为扎克在卖的旧车没有他说的那么好。想想我们刚才讲过的批评：应该可以将相对主义用于它自身，因为它是关于所有观点的观点。对吧，扎克？

扎克：是的，莎拉，的确。

莎拉：所以相对主义意味着相对主义并不是绝对正确。

扎克：这有什么问题，莎拉？以下仍然是我的观点：没有任何观点是绝对正确或绝对错误的，包括相对主义。

莎拉：这正是我所抱怨的。你卖的车上有这样的标签："这辆车并不比其他车更好。"

鲍勃：至少销售者表现出了一种幽默。

扎克：以及对他的主张的谦逊。

莎拉：销售者开玩笑说自己要卖的旧车没什么特别的，但他仍然试图欺骗你。你问他这辆车是不是真的能发动，他就转变话题，开始讨论他自己，**他**多么喜欢它。你买这辆车吗？

扎克：欢迎你试驾。

莎拉：即使那样也很危险。

鲍勃：我甚至都不确信我能**看得到**汽车。扎克转变太多，我不知道他想卖的是**什么**。

莎拉：是的，每当你想进入汽车进行试驾，他就说要卖的那辆在别的地方。如果我们要买相对主义，我们可能付钱后什么都得不到。

扎克：冷静下来，伙计们。让我们都做一次深呼吸。一、二、三、四、五，啊啊啊——哈哈——。当我说某件事情的时候，你们用自己的不同观点来回应——这很好——然后我说我之前说的“是我的观点”，我没有**收回**我之前说的。它仍然摆在台面上。我只是强调我没有试图将我的观点强加给任何人。我没有声称我说的就绝对正确，而你们所说的如果不一样就绝对错误。我是说我并没有企图扮演上帝。

鲍勃：为什么你这么害怕我们以为你在扮演上帝？当莎拉说某件我不同意的事情的时候，我知道她没有在扮演上帝。她只是在说她所以为的东西。要不是你一再地否认，扎克，我根本就不会意识到你有可能试图将自己扮作上帝。

扎克：我只是不想你得到错误的印象，鲍勃。当不是每个人都认可不同的人有不同的观点时，就产生了大量枯燥且有害的争论，存在这样的多样性却是很好的。

莎拉：是的，但如果你说这么多只是为了提醒鲍勃和我，我们只是可能犯错的普通人，而这是我们早就知道的，那么我们仍然不知道你的相对主义是什么。如果它所说的并不能排除任何其他人可能说的东西，它还能说什么？这就好像说“这辆车是红色的，但你同样可以将其描述为绿色的，或蓝色的，或黄色的”。

鲍勃：我住的那条街上有一位老嬉皮士就开着一辆那样的喷漆车。

莎拉：它不会是全红同时**又**是全绿的。我需要一个不那么容易分散注意力的方式来澄清我的要点。

扎克：没有颜色的要点。

莎拉：让我再试一试。我们可以将你的相对主义表达为“每种观点都只是一种观点”吗？

扎克：在某种意义上是的，莎拉。如果你愿意，我们就可以那么说。

莎拉：如果鲍勃说“巫术管用”，而我回答他说“那只是你的观点”，我拒绝采纳他的陈述。我认可那是他的信念，但通过增加“只”这个字，我拒绝这样的想法：它**不只**是信念，巫术真的管用。同样地，当扎克说某件事，然后又说“那只是我的观点”时，他听起来像是拒绝采纳先前的陈述，是在否认它。这就是鲍勃和我所抱怨的退步。但现在扎克告诉我们他**没有**否认他之前的陈述。

扎克：正是，莎拉。

莎拉：你认可它是你所相信的，但你**不否认**它不只是相信。你为自己之前放到台面上的**增加**了某些东西，而不是**替换**它。所以我们应该删掉这个“只”字，因为你并不是真的说那**只**是你的观点。

扎克：如果你愿意那就删掉，莎拉。这些措辞都是你的，而不是我的。

莎拉：我会的。那么，相对主义并不是说“每种观点都只是一种观点”，而是说“每种观点都是一种观点”。

扎克：是这样。

莎拉：好，但这就使相对主义彻底的无足轻重了！每个人，即使是最顽固的绝对主义者，也会接受每种观点都是一种观点。

扎克： 莎拉，你试图将相对主义归纳为一个公式。但它不只是与其他理论相竞争的又一个理论。它更像是一种生活态度。

鲍勃： 什么态度？

莎拉： 扎克，你的行为与我们社会中那些不认为自己是相对主义者的人没什么太大的区别。你是一个可能犯错的人，和我们其他人一样，你也没有屠杀任何人（就我们所知的），但不去屠杀也不是什么了不起的成就。那么是什么使你成为一个相对主义者，除了你过度使用“观点”这个表达之外？

扎克： 你知道吗，莎拉，相对主义者会说的话与绝对主义者不会说的话之间的差别，要比相对主义者**不会**说的话与绝对主义者**会**说的话之间的差别要小。

莎拉： 例如？

扎克： 我指的是包含独断论的词汇，比如“对”和“错”或“真”和“假”这样的东西，莎拉。当人们开始到处投掷这种危险的词语，并以此行动时，就有事情发生，而且是很坏的事情：轰炸、入侵、强制皈依，像我之前所说的，以上帝或进步的名义进行的大屠杀。相对主义提供了一个避免所有这些事情的机会。

莎拉：所以我们更应该从试图理解**绝对主义**所说的东西出发，而不是相对主义所说的出发，然后我们才能看清楚相对主义者试图避免的东西？

扎克：你总算明白了，莎拉。

莎拉：火车要进站了，扎克，我们应该暂停这场对话，直到人们上下车的喧闹结束为止。

扎克：我同意，莎拉。

鲍勃：现代科学和相对主义终于在某些事情上达成一致了。

第二幕
真理的恐怖

扎克： 啊哈，我们终于又开始动了。

罗克珊娜： 你坐的是我的位置。

扎克： 你确定吗？

罗克珊娜： 是的。我的订单上写着座位号。

扎克： 抱歉，那我整理一下。

莎拉： 我旁边的位置是空的。

扎克： 谢谢，莎拉，真是太好了。

莎拉： 扎克，你刚才正要告诉我们，为什么你认为使用像“真”和“假”这样的（你称之为）绝对主义的词语如此糟糕。我难道没有权利，甚至是义务，说出有根有据的真相吗，比如说，巫术不管用，这是**真的**，巫术管用，这是**假的**？

鲍勃：我难道不可以说，巫术管用，这是**真的**，巫术不管用，这是**假的**吗？

扎克：我不能阻止你们任何一方说那样的话。但你可能需要再想一想：真被认为比假更好，对吧，莎拉？

莎拉：自然。

鲍勃：只有傻瓜才更喜欢错而不是对。

扎克：那么，莎拉，如果你说你的信念是真的，鲍勃的是假的，你是在说你的信念比鲍勃的**更好**，因此，至少在这一点上，**你**比鲍勃更好。而鲍勃，如果你说**你的**信念是真的，**莎拉的**是假的，你是在说你的信念比莎拉的更好，因此在这一点上**你**比莎拉更好。你们真的主张自己比对方优秀吗？

莎拉：你把问题表述得过于**个人化**了。巫术不管用的信念并不只是我有。它不只是**我个人的**信念。它是我与任何接受过科学教育的人共有的信念。而鲍勃的巫术管用的信念也不只是**他个人的**信念。那是他与过去和现在的其他很多迷信人士共有的信念。与事实有关的问题应该用非个人化的，客观的方式来谈论。巫术管用为真或为假都不依赖于任何人所相信的东西。

鲍勃：你不可能完全抛开个人的层面。当你说巫术管用是错的时候，你暗指**你**相信它不管用。否则你就算不上真诚。

莎拉：好吧，但没必要对此小题大做。问题是关于巫术的，而不是关于你或我或扎克的。

鲍勃：如果我是巫术的受害者，那也是关于我的。

莎拉：作为一项证据，一个样本案例，的确与你有关，但你不是讨论的一部分。

鲍勃：不要将我一分为二。我个人关于巫术的经验使我能够对讨论有所补充，而这是你们其他人缺乏的。我们不能像跟我们没有任何关系那样来讨论巫术。

扎克：在科学的辩论中也有个人的因素。它背负着科学的荣誉和抱负。如果一位科学家的实验被判断为设计得很好，他或她的声誉也会提高。

鲍勃：荣耀。

扎克：正是这个词，鲍勃。如果他或她的实验被判断为设计得很差，他或她的声誉就会下降。

鲍勃：耻辱。

扎克：是的。至少，经费和晋升都依赖于这些事情。

莎拉：当然，本来就应该这样，但要决定一项实验是设计得好还是差，人们需要客观中立地检验它的设计。批判设计它的人，是后来的事情，而且也同样应该客观评价。

扎克：但你应该同意，莎拉，如果你说鲍勃关于巫术的信念是假的，而其他人也接受你的判断，那么鲍勃作为一个知道自己在说什么的正常人岂不是声誉受损了？他失去了信誉。

莎拉：那不是问题。

鲍勃：对我而言就是问题。

扎克：莎拉，当你认为你的信念是真的，鲍勃的是假的，并且这样讲了出来，它就会对你和鲍勃产生影响。你需要小心。

莎拉：我很小心。我并没有说，我和鲍勃有**任何**分歧的时候，我都是对的，他都是错的。我从未想过自己永远不出错。鲍勃对园艺知道得比我多。但就巫术而言，我是对的，他是错的。

扎克：莎拉，你这么说是在承认自己会犯错？

莎拉：是的。科学正是从人们的错误中进行学习。对巫术的信仰是人类进程中的众多错误之一。

扎克：我很好奇，莎拉，当你说在某件事情上自己是对的，而其他不同意你的人是错的时，你有怎样的感受，让我们来讨论一下。你认为自己的所有信念都是真的吗？

莎拉：不，我说过，人类都是可能犯错的动物。拥有许多错的信念很正常。为什么我会是一个例外呢？我肯定我的许多信念都是错的。

扎克：你能举一个例子吗，莎拉？

莎拉：我以前相信鲍勃有非常传统的人生观。现在我发现自己错了。

扎克：那你**目前的**信念呢？**它们**都是真的吗？

莎拉：不，根据过去的经验，我确信我的许多信念，包括我目前的信念也有错的。科学史是有力的证据，许多当前的科学理论在未来都需要修正，因为太多科学理论曾经都被修正过。我们的许多科学理论都是错的，尽管它们可能已经非常**接近**真理。我不能假装自己比**科学**做得更好。

扎克：继续，给我们一个你目前的错误信念的例子，莎拉。

莎拉：那是不合理的要求！如果我知道我目前的哪些信念是错的，我就会放弃它们，那么它们就不再是我目前的信念了。“这是我相信的一个错误……”，然后长篇大论地说个不停。我要真那么说，看起来会非常傻，不是吗？我目前的某些信念肯定是错的，但我不知道是哪些。

扎克：因此，每当我问你目前信念中的一个，莎拉，你都会说它是真的，即使你承认它们中某些是假的。**这话**怎么可能前后一致呢？

莎拉：如果我们要表达得非常准确，那会是这样的。如果你问我某个我当前的信念，我会说，就我的证据而言，它**很有可能**是真的。科学以概率的方式运作，而不是确定的证明。我的每个信念都有可能为真，我希望是这样，尽管不太可能**所有**信念都同时为真。这样前后就完全一致了。它就像是彩票：在开奖之前，任何一张卖出的彩票都很有可能会输，尽管不太可能**所有**彩票都会输。我们得有一个赢家。

鲍勃：所以**不能确定**巫术不管用。你承认吧。

莎拉：是的，并不能完全确定，尽管事实上巫术**很有可能**不管用。

鲍勃：但与我们三个坐在一列火车上（这是我们亲眼所见的）相比，那更加不可能吗？

莎拉：就我们的证据而言，我们坐在火车上要比巫术不管用的真实概率更高。但两者都不是**绝对**确定的。

鲍勃：至少你承认不能**确定**我错了。

扎克：莎拉，你是说现代科学已经用一组概率替换了过时的真假二分吗？

莎拉：也可以这么说，我想。

扎克：我在你的观点中发现了更多好玩的东西，莎拉。

莎拉：我并没有说所有的理论在某个证据之上都是**同样**可能的。我只是说许多理论的概率都不**等于零**，但其中一些比另外一些的概率更高。一旦意识到一个人只是说自己的观点比对手的观点具有更大的概率，而不是自己的观点绝对正确，而他或她的观点绝对错误，那就可以减少分歧中的个人因素。

鲍勃：莎拉，你仍然会直接说巫术不管用呢，还是只会说它有可能不管用？

莎拉：我是说，在我们现有证据的基础上，巫术管用这件事情为真的概率非常低。

鲍勃：那么，我们仍然有分歧，因为我要说的是，在我们现有证据的基础上，巫术很可能**真的**管用。你确信你把概率弄对了吗，莎拉？

莎拉：是的，我非常自信。

鲍勃：你从来没有低估或高估过一个概率吗？

莎拉：我对概率也是**可能犯错的**。每当我输牌后，我都会尝试弄明白原因。有时候我意识到是我对概率做了错误的估计。跟扎克和你一样，我也是人。我在每件事情上都有可能犯错。

鲍勃：你在巫术管用的概率上也有可能错了？

莎拉：原则上，是的，但就这个例子而言，不可能性是非常清楚的。

鲍勃：但当你说巫术管用非常不可能时，你也同意它非常不可能这件事不是**绝对确定**的？

莎拉：当然我会同意：在我们现有证据的基础上，我对巫术管用的概率的判断不是绝对确定的。任何东西都不是。但很有可能的是，巫术很有可能不管用。

扎克：概率的概率，莎拉！你把这种事情当真，对吗？接下来你就会告诉我们概率的概率的概率了。

莎拉：原则上说，是的。

鲍勃：这提醒了我某些事情。如果我理解对了你刚才对扎克所说的话，你是想用概率大小来思考，而不是真或假。

莎拉：是的，总体的思路是这样。

扎克：欢迎来到相对主义者俱乐部，莎拉！你抛弃了独断论的词语“真”和“假”，正如我之前建议的一样。

莎拉：不要厚脸皮了，扎克。我不是相对主义者。我对某些概率的估计比其他的要更好。

扎克：你确定吗，莎拉？

莎拉：我有足够的自信，谢谢。

鲍勃：你之前说过：因为你在类似巫术这样的事情上可能犯错，你不直接说它不管用；你只是说它很有可能不管用。因为你也有可能对概率犯错，正如你刚才承认的那样，你真的是直接说巫术很有可能不管用，还是你只会说，很有可能巫术很有可能不管用？

莎拉：我很惊讶，鲍勃，这么多人里面居然是你在咬文嚼字。

鲍勃：如果是我找到了这个游戏的窍门，不要怪我。正如你之前说的，我们应该关注问题，而不是人格。回答我的问题怎么样？

莎拉：既然你坚持要一个答案，要是它非常复杂就不要怪我。我的主张是：巫术不管用的概率很高这件事情的概率很高。当然，我是在现有证据的基础上谈概率的。在过去证据的基础上它们不同，那时科学还不怎么发达；在未来证据的基础上它们或许也不同，那时科学已经取得进一步的发展。

鲍勃：现在你让我想起了，扎克在上一站之前是如何遇到麻烦的。

扎克：那并不麻烦，鲍勃。

鲍勃：那只是你的观点，扎克。当你说某件事情时，莎拉和我对你施加压力，你就往后退，然后说你之前说的只是你的观点。

扎克：那是澄清，鲍勃，不是后退。

鲍勃：如果你愿意，你可以称作澄清。但从我的观点看，扎克，你根本就没有坚持你的立场。现在，每当莎拉说某件事情，你或我对她施加压力，她就开始后退，然后说她之前说的概率很高。“在现有证据的基础上它概率很高”听起来很科学，“那是我的观点”听起来也有新时代的感觉，但它们都是动摇你们的基础的方式。莎拉，你真的不再坚持自己所说的了吗？

莎拉：我知道你想说什么，鲍勃。扎克，没有冒犯的意思，但我不想听起来像你。

扎克：一点儿也没有，莎拉。我尊重你的不同观点。越多观点越好。

莎拉：但收集很多**愚蠢的**观点只会导致混淆。不管怎样，关于概率的概率的无穷倒退并不比关于观点的观点的无穷倒退更好。我必须要站在某个点上表态。我**会**直接说：巫术不管用。

鲍勃：那就是你一直都想的。

莎拉：但我**也**会直接说：巫术不管用的概率很高。我不会做更多的后退了。

扎克：但你**的确**听起来像我，莎拉。我首先将自己的观点摆出来。然后，在坚持它的同时（这就是为什么它不是后退，鲍勃），我**也**将它是我的观点摆出来。

莎拉：我们之间的差异在于，当你说你之前说的东西是你的观点时，那只是多余的步骤，因为我们都理所当然地认为那是你的观点。（如果你说它**只**是你的观点，那就不是多余的，因为那样你就**撤回**了对你之前所说的东西的承诺，但你说你并没有做那样的回撤。）当我说某件事情，并且加上它概率很高时，我仍然坚持原来的立场，并没有回撤到**只是**谈论概率，它不是多余的，因为我实际上是通过诉诸证据基础上的概率来**支持**之前所说的。

鲍勃：你不会放弃概率，对吗？

莎拉：对的，我们仍然需要它们。有的时候，我们只能做概率陈述。在我抛一枚正常的硬币之前，我不能说“它将会正面朝上”，也不能说“它将会反面朝上”。我只能说“有 50% 的几率它会正面朝上，也有 50% 的几率它会反面朝上”。但是，一旦我抛出硬币并且看到它正面朝上，我就有足够的证据说“它正面朝上”。我不需要再把自己限制到概率陈述。我对“巫术不管用”这样的陈述也将采取同样的态度，因为已经有足够的证据。

扎克：所以当你说“巫术不管用”时，莎拉，你也说“巫术不管用是真的”？

莎拉：那么说听起来非常独断，我同意。我不需要说“真”，我可以只说“在现有证据的基础上概率很高”。

罗克珊娜：你似乎不太懂逻辑。

莎拉：你说**什么**？

罗克珊娜：我说你似乎不太懂逻辑。

莎拉：你似乎不太懂礼貌。

罗克珊娜：如果你想理解真和假，逻辑比礼貌有用。你们中有谁还记得亚里士多德[①]关于真和假说过什么吗？

鲍勃：抱歉，我对亚里士多德一无所知。

扎克：就在嘴边，但想不起来了。

莎拉：亚里士多德的科学已经过时两千年了。

罗克珊娜：你们都不知道。亚里士多德说："说是者为非，非者为是，是假的，而说是者为是，非者为非，是真的。"这些基本原则是关于真的逻辑的根本。它们仍然居于当代研究的中心。它们得到了关于真的逻辑的最伟大的贡献者，波兰的现代逻辑学家阿尔弗雷德·塔尔斯基[②]的支持。

鲍勃：从来没有听说过他。我确信亚里士多德说得非常聪明；我希望我能够知道它是什么意思。

罗克珊娜：我想我必须从这三者中最开始的一句讲起。

---

① 亚里士多德（Aristotle，公元前384—前322），古希腊著名哲学家，百科全书式的人物，几乎对每个学科都有贡献。其代表性的著作有：《工具论》、《物理学》、《形而上学》、《伦理学》、《政治学》，等等。下文所引的关于"真"和"假"的定义出自他的《形而上学》：1011b25。

② 阿尔弗雷德·塔尔斯基（Alfred Tarski，1901—1983），波兰逻辑学家、数学家和哲学家。他最为知名的贡献是真理论和模型论研究，其代表作为《形式语言的真概念》（1933）。

莎拉： 我们不需要您的讲座也能处理得很好，非常感谢您。

罗克珊娜： 很明显你们不能。

扎克： 恐怕我没有听清你的名字。

罗克珊娜： 当然你没有。我都没说过。

扎克： 我可以问一下吗？

罗克珊娜： 你可以问，但那是无关的。

鲍勃： 好了，不要对我们保留悬念。你的名字是什么？

罗克珊娜： 是“罗克珊娜”。

扎克： 好名字，罗克珊娜。顺便说一下我的名字是“扎克”。

鲍勃： 我希望我们的对话没有令你讨厌。

罗克珊娜： 对知识的缺乏稍微有一点令人不快。

鲍勃： 抱歉，我们谈起来有点忘乎所以。让我继续介绍一下，我是鲍勃，这位是莎拉。

罗克珊娜： 琐事时间到此为止。我要解释这个叫“莎拉”的女人所犯的错误。

莎拉： 如果你愿意，请叫我“莎拉”，而不是“这个叫‘莎拉’的女人”。

鲍勃：“莎拉”更短。

莎拉：不止如此。我们已经相互介绍过了。你这样疏远地描述我显得非常不礼貌，尽管我们也不熟。

罗克珊娜：如果我们必须用名字，那就用吧。你不要指望这会阻止我解释你的错误。首先，我将用一个非常简单，你们也能够理解的例子来说明亚里士多德对真和假的观察。我将做一个断言。

鲍勃：要开始了。

罗克珊娜：不要打岔。

鲍勃：我是总在课堂后面说话的那类人。

扎克：不要理鲍勃，罗克珊娜。我们非常高兴听到你的断言。请保持安静，各位。

罗克珊娜：撒马尔罕在乌兹别克斯坦。

莎拉：这就完了？

罗克珊娜：这就是我的断言。

鲍勃：原来这就是撒马尔罕所在的地方。我之前一直都不知道。

罗克珊娜：关注逻辑，而不是地理。在做关于撒马尔罕的断言时，我说的为真，当且仅当，撒马尔罕在乌兹别克斯坦。我说的为假，当且仅当，撒马尔罕不在乌兹别克斯坦。

扎克： 这就是所有的东西吗，罗克珊娜？

罗克珊娜： 这足够了。

鲍勃： 我想我明白了。真是实话实说。假是不实话实说。这就是亚里士多德的意思吗？

罗克珊娜： 就目前而言，这个转述还是可以接受的。

莎拉： 如果那样，亚里士多德所说的不是完全无足轻重吗？

罗克珊娜： 只要人们理解了它，就是那样。但是，你却违反了它。

莎拉： 你是说我智力上有缺陷？

罗克珊娜： 不，我不会那么说。我只是指出你违反了关于真的逻辑的基本原则。

鲍勃： 莎拉非常聪明，而且是受过良好教育的女士，罗克珊娜。我认为她不会做那样的事情。

罗克珊娜： 你认为不会，但她做了。

莎拉： 怎么做的？

罗克珊娜： 集中注意力，你们三位。首先，莎拉说巫术不管用。然后她否认她必须得出巫术不管用为真的结论。她害怕使用“真”这个词。但正如亚里士多德所观察到的，说是者为是，或非者为非，是真的。所以，莎拉错了。任何人只要说巫术不管用都**应该**得出结论，巫术不管用是真的。

扎克：那是莎拉的问题，不是我的，罗克珊娜。她是声称对巫术知道得最多的人。

罗克珊娜：你的混淆更普遍。你建议戒除“真”和“假”这样的词，因为它们的使用会导致某个人的信念比别人的更好这样的有争议的价值判断。

扎克：很了不起，罗克珊娜。那正是我们应该停止使用“真”和“假”的原因。

罗克珊娜：这种节制是没用的。价值判断来源于这样的默认假设：实话实说比不实话实说要好（用鲍勃的通俗术语）。

鲍勃：不是每个人都知道怎么使用通俗术语。

罗克珊娜：安静。我接着说。在实话实说比不实话实说更好的默认假设下，你的巫术管用的说法，就能推出说巫术管用比说它不管用要好，因为如果巫术管用，说巫术管用就是实话实说，而说巫术不管用就是不实话实说。

莎拉： 但**我**所说的巫术**不**管用，又怎么样呢？

罗克珊娜： 同理可得，你的陈述也可以推出：说巫术不管用比说巫术管用要好。

莎拉： 谢谢。

罗克珊娜： 因此，在默认假设下，每个陈述都蕴含做这个陈述比否定它要好。

莎拉： 你的要点是什么？

罗克珊娜： 即便没有“真”和“假”这样的词，关于价值比较的争议也会产生。目前的这个争议是因为鲍勃断言巫术管用，而莎拉否认这一点。双方都试图就巫术实话实说。如果实话实说打败了不实话实说，那么真就打败了假。

扎克： 用一个大棍棒！真和假的语言中所隐含的暴力！

罗克珊娜： 在我的学校，一个人会因为打岔而被打的。我说的是，“真”和“假”这两个词只不过是我们对实话实说的偏爱更加简洁的表达，比如偏爱真。它们并没有解释这种偏爱。莎拉暂时地忽略了真的逻辑。扎克在构造他对“真”和“假”的那幼稚且带有误解的反对意见时，持续地对其进行嘲讽。

扎克：你没有理解，罗克珊娜。我不玩关于“真”和“假”的传统游戏，那么我为何还应该受它的规则的限制？

罗克珊娜：是你没有理解。在批评绝对主义时，你曾试图证明在它的游戏规则限制内有可反对的后果。因此，要得出这个后果，你就必须遵循那些规则。否则你只是把自己反复无常的结论强加于人。除非你学会怎么使用那些规则来玩游戏，否则你永远不能理解在玩这个游戏时要求什么，又不要求什么。

莎拉：但如果有人——比如扎克——拒绝实话实说胜于不实话实说的假设，又怎样呢？

鲍勃：善意的谎言是存在的。对快要死的人，实话实说并不总是更好。

罗克珊娜：当你不喜欢实话实说时，你也不喜欢真，而你对“真”和“假”的使用也不会将你导向有争议的价值判断。

莎拉：罗克珊娜，尽管我觉得你的说话方式令人讨厌——你看到了吧，它还会传染——但我认为你说到点上了。作为一个以科学精神来面对生活的人，我的确喜欢真，我喜欢它是因为我喜欢实话实说。

鲍勃： 如果我理解了你和罗克珊娜所说的，那么我在多数时候也这样，所有正派人士都这样。但有些事情在困扰我。如果对你的丈夫真诚意味着要对他实话实说，那么与其他男人上床的妻子将全部细节都对她的丈夫实话实说不也算是对他真诚吗？

罗克珊娜： 那是“真”的不同含义。对一个男人真诚，不只是对他实话实说。不要混淆问题。

鲍勃： 抱歉。

扎克： 但根据你的看法，你所持的“真”的含义是它**真正的**含义吗，罗克珊娜？

罗克珊娜： 不，两种含义都是合理的，但只有一种与现在的对话相关。

扎克： 谁给了“真”的一种含义高于另一种，或高于“真”其他可能含义的特权呢？鲍勃觉得他的含义是相关的，那么对他而言就是相关的。

罗克珊娜： 他以为与之前的讨论相关，但他错了。相关的是“真”在“巫术不管用是真的”这样的语境中的含义。这个含义不涉及避免劈腿。

鲍勃： 我宁愿我从来没有提起那个例子。

莎拉： 总之，正如我开始说的，偏爱真是科学的根本。而罗克珊娜的观点可以适用于科学。扎克是错的。“真”和“假”这样的**词语**并不重要。它们只是便利设施。

鲍勃： 公共的便利设施？

莎拉： 闭嘴，鲍勃。真正重要的是实话实说。如果有必要，我们在科学中使用“真”的地方也可以不用“真”，那不会有明显的收获或损失。我们可以只问“某些粒子比光速更快吗？”而不是问“某些粒子比光速更快是真的吗？”它们的主要问题都一样。“真”和“假”没有起作用。“某些粒子比光速更快是假的”等同于“没有粒子比光速更快”。我们可以只问“光的基本性质是什么”，而不问“关于光的基本真理是什么？”

罗克珊娜： 终于出现一点智力的苗头了。

莎拉： 您太抬举我了。

鲍勃： 或许我看出了罗克珊娜和莎拉说的是什么。问“存在巫婆，这是真的吗”和问“存在巫婆吗”

一样，如果不许我们问存在巫婆是不是真的，那也就不许我们问是不是存在巫婆。

莎拉：完全准确。

扎克：咳，各位，不要太快了！可以确定一旦你开始使用“真”，你暗示着确定性。如果某个东西不是确定的，毫无疑问，你不能说它是真的。如果你不想暗示确定性，就不要说“真”。

罗克珊娜：常见的混淆。

扎克：从你的观点看，可能是混淆，罗克珊娜，但从我的观点看，这是一个洞见。

罗克珊娜：我的观点是对的。为了表明这一点，我会给一个例子。考虑这辆车上现在的硬币总数，包括口袋里和其他地方的。没有人数过。没有人知道这个数是奇数还是偶数。但是，这个数**不是**奇数，**就是**偶数，尽管我们不能说到底是哪种。

莎拉：如果真的很重要，我们可以对这列火车进行彻底的搜寻。

鲍勃：拿枪指着他们。

罗克珊娜：但在我们目前的情形中，没有做任何这样的搜寻，这个数是奇数和这个数是偶数都不是**确**

定的。

扎克：那又怎样呢，罗克珊娜？

罗克珊娜：因为这个数要么是奇数，要么是偶数，所以，要么这个数是奇数是真的，要么这个数是偶数是真的。因此，有些东西是真的，但不是确定的。要么"火车上现在的硬币数是奇数"是不确定的真的实例，要么"火车上现在的硬币数是偶数"是不确定的真的实例。我们知道这两个句子之中**有**一个实例，尽管我们不知道是哪一个。扎克所说的真蕴含确定性，是不正确的。

扎克：我不喜欢你那非此即彼的逻辑，罗克珊娜。并非所有的事情都非黑即白。它们之间还有灰色地带。

罗克珊娜：逻辑不会推出每件事情非黑即白。它可以推出的是，每件事情非黑即不黑。但要说那些灰色地带是黑，还是不黑呢？因为它们不黑，所以逻辑推出灰色地带不黑。它也可以推出每件事情非白即不白。但要说那些灰色地带是白，还是不白呢？因为它们不白，所以逻辑推出灰色地带不白。

扎克： 为何不让我将你从黑白灰的冰冷世界中解放出来，罗克珊娜？为何不与我一起加入到多彩的温暖世界中来，在这里与像彩虹一样斑斓的所有观点都和谐共处？

罗克珊娜： 这个人该吃药了。

莎拉： 扎克，别理她。我会尝试用不同的方式来解释她想说什么。让我问你一个问题。你马上就能看出为什么。在其他的行星上也有生命，这是真的吗？

扎克： 我不知道，莎拉。没人知道——至少，从我的观点看没人知道。

莎拉： 好，那么其他行星上有生命，这是确定的吗？

扎克： 不，莎拉，不是。正如我所说的，没有人知道。

莎拉： 这就对了。即使从你的观点出发，真也不要求确定性。

扎克： 莎拉，你在说什么？我可以告诉你，我的观点是什么。你可以告诉我，你的观点是什么。但你不能告诉我，我的观点是什么。

罗克珊娜： 听着，好好学。我会分析莎拉的问题中的逻辑。如果真推出确定性，那么**不**确定性就推出**不**真，对吧？

扎克： 是，好吧，罗克珊娜，如果你坚持，那么我们可以玩这种逻辑游戏。

罗克珊娜： 我坚持。莎拉的第一个问题是“其他行星上有生命，这是真的吗”？我们称之为**真问题**。她的第二个问题是“其他行星上有生命，这是确定的吗”？我们称之为**确定性问题**。你对真问题的回答是“我不知道”。你对确定性问题的回答是“不”。你承认这些是你的回答吧？

扎克： 是的，罗克珊娜，它们是，但这会导向哪里？

罗克珊娜： 你没有将真和确定性当成同样的。你对真问题的回答和对确定性问题的回答不等价。“我不知道”和“不”相当不同。

扎克： 它们都是否定性的回答，罗克珊娜。这里有什么大的区别吗？

莎拉： 当你下次申请签证的时候，试一下用“我不知道”而不是“没有”来回答“你是否曾参与毒品走私？”这个问题，你马上就会发现两者的区别。

罗克珊娜： 扎克，如果你从不确定性推出不真，那么你应该对真问题回答“不”，因为你对确定性问题回答了“不”。但你没有。莎拉的问题难倒你了。它们揭示出来的是，即使是你在实践中也没有认为真需要确定性。

鲍勃：莎拉对扎克，1∶0。

扎克：裁判肯定瞎了。莎拉越位了。

罗克珊娜：没有。慢镜头回放表明莎拉没有越位。射门得分的判罚是正确的。

扎克：正如我一直说的，罗克珊娜，“真”和“假”这样的词语带来麻烦。

罗克珊娜：不，麻烦在于你对真和确定性的混淆，而不是与初等逻辑中“真”和“假”有关的任何东西。莎拉比你更快地看到了问题所在。

莎拉：不要以高人一等的眼光看我，罗克珊娜。

罗克珊娜：我只是陈述事实。

鲍勃：我对其他一些事情还有疑惑。我不仅打算把真大声地**说**出来，我也打算在头脑中**思考**真。你那亚里士多德的名言只提到了说话的真和假。那思想的真和假又怎样呢？

罗克珊娜：答案显而易见。亚里士多德的原则可以从说话推广到思想。说话的真就是实话实说；思想的真就是实事求是。说话的假就是不实话实说；思想的假就是不实事求是。在思考撒马尔罕在乌兹别克斯坦时，我想的为真，当且仅当，撒马尔罕在乌兹别克斯坦；我想的为假，当且仅当，撒马尔罕不在乌兹别克斯坦。将“真”和“假”用于信念，和将它们用于陈述一样简单。

莎拉：是的，就像我试图说出真相是因为我想实话实说，我试图思考真相也是因为我想实事求是。为何人们在实际的情形中要进行真实的思考是很明显的。在实事求是的思考后采取的行动要比不实事求是的思考后采取的行动更能达成他们的目标。

鲍勃：对我来说，这太抽象了。

莎拉：我给你举个例子。我曾经在登山的时候迷路了。完全处于云雾之中，我无法在岩石间看出路来。那里应该有一条下山的安全通道。我以为它在一条狭窄的山脊上。我顺着那个山脊走，但却越来越陡。我不得不往回爬。那太困难了。我滑倒了，差点跌落山崖。

鲍勃：如果跌落能活吗？

莎拉：不能。

鲍勃：你不应该那样独自登山，莎拉。那太危险了。

莎拉：我很享受。当我独自在山中时，我强烈地感觉到自己还活着。人们需要这种警觉。不管这个，这不是重点。

鲍勃：那重点是？

莎拉：我关于下山的路的错误信念几乎让我丧命。我当时没有实事求是地思考下山的路。一旦我开始实事求是地思考，我就安全地下来了。我后来的真信念救了我的命。

鲍勃：你怎样发现下山的路的？

莎拉：当我回到我之前所在的地方，我碰到了另一位步行者。她给我指出了正确的下山道路。在那种情形下，我们为什么更喜欢人们实话实说，而非不实话实说是很明显的。我信任她——不过我也没什么其他选择。我很累，而且天也快黑了。如果她告诉我的是错误的路，那我会再次陷入大麻烦。你看，成功的行动基于实事求是。

鲍勃：错误假设之上的行动并不是总带来坏处。我之所以遇到自己的一生所爱，是因为我误以为她是售货员而向她问了问题。

莎拉：改天你一定要把这个故事讲给我听。你是对的：在真信念的基础上行动并不能**确保**比在假信念的基础上行动的结果更好；但它们更有可能会带来更好的结果。在假信念的基础上行动要得到好结果只是在碰运气。

扎克：也许鲍勃的所谓错误在更深的意义上是真的，莎拉。

莎拉：你是说鲍勃的一生所爱在更深的意义上真的是售货员？

鲍勃：你敢侮辱她，扎克！她是艺术家，拥有艺术家的灵魂。

扎克：我说的是一个更深的层次，鲍勃。从我的观点看，所有这种亚里士多德逻辑的咬文嚼字都是枯燥乏味的，既琐碎又浅薄。我发现弗里德里希·尼采[①]的洞见要深刻得多，“真理是人们忘记了它们是幻象的幻象”。

---

① 弗里德里希·威廉·尼采（Friedrich Wilhelm Nietzsche，1844—1900），德国著名哲学家。代表性著作有：《权力意志》、《悲剧的诞生》等。这里的引文出自《非伦理层面的真理与谎言》（1873）。

罗克珊娜： 这是那种没有接受过逻辑训练的人才会认为深刻的评论。但按照它自己的标准，它至少还有可能是真的：它是一种幻象，但扎克忘记了它是幻象——如果他曾经知道的话。

鲍勃： 尼采说的是什么意思，扎克?

扎克： 鲍勃，他说的是语言在充分表达事物方面的无能为力。

鲍勃： 我能够理解，我经常词不达意。

扎克： 尼采不是。他指出的是更深刻的不充分，是语言本身的不充分，鲍勃。

鲍勃： 我被弄晕了。他说的“幻象”是什么意思?

扎克： 鲍勃，他是指某些看起来如此，但实际上并非如此的东西。

罗克珊娜： 那正好是亚里士多德对假的定义，只是应用到了表象之上。

莎拉： 在我听来，尼采的意思是我们当成真的东西，实际上并不是真的，因为语言是会误导人的。

罗克珊娜： 这与亚里士多德的真定义一致。

莎拉： 总之，如果我们不对语言期望过多，也许我们就可以避免被它误导。当鲍勃说他的一生所爱不是售货员时，我没有把它当成她的人格的完整图像。除非她的确是售货员，否则他说的就是真的。

鲍勃：她不是。

莎拉：我们知道，鲍勃。

扎克：莎拉，为什么要让罗克珊娜把你拉入亚里士多德的旧式思维中呢？罗克珊娜，你为什么一直诉诸他的权威？那家伙为奴隶制辩护。他说过，某些人，他自己除外，生来就适合当奴隶。我们在道德、政治、生物或物理方面都不承认他的权威。为什么我们需要在逻辑上承认？——特别是当他试图用真来奴役我们所有人的时候。

罗克珊娜：现代逻辑学家没有诉诸亚里士多德在逻辑上的权威。他们根据他的论断本身的价值，接受他的某些逻辑论断，而拒绝其他一些。他们发现要做出富有成效的探究，亚里士多德对真和假的最初刻画是合适的起点。就逻辑目标而言，他们还没有遇到一个正经的替代物。

扎克：那么说来，逻辑学家就应该放松心情，不要那么一本正经。看看亚里士多德身上发生了什么。

他对真和假如此正经，以至于他认为像他一样的人们可以**拥有**其他人并可以根据自己的意愿来剥削他们。拥有“真”信念的人成为奴隶主，而拥有“假”信念的人成为奴隶。

罗克珊娜：亚里士多德关于奴隶制的观点依赖于他的社会环境，这与他关于真和假的逻辑的观点不同，两者没有联系。他关于真和假的逻辑的观点经受住了时间的考验。他关于奴隶制的观点没有。

扎克：如果逻辑学家们还没有被尼采的挑战唤醒的话可不关我的事，罗克珊娜。话说回来，为什么要逼迫学生学习亚里士多德的哲学？他会使那些有奴隶祖先的人们觉得不舒服。我们难道不应该回避他的作品吗？如果不回避它们，不公开地展示我们对他关于奴隶制的观点的厌恶，我们如何与那些学生保持团结一致呢，难道我们不是在宽恕他对奴隶制的态度吗？

鲍勃：那是他的观点。观点越多越好，你说过的。

扎克：我没有看出它们的关联，鲍勃。

鲍勃：我也没有看出它们不相关，但没有关系。

罗克珊娜：逻辑学家们也不崇拜亚里士多德。他和其他人一样都会犯错，正如莎拉所说的那样。他们在评估了他的科学成就之后，尊他为伟大的逻辑学家和哲学家。即使我的某些祖先曾被侵略者奴役，我在阅读亚里士多德的作品时也不会觉得不舒服。我知道他对奴隶制的观点在他那个时代很典型。扎克崇拜的尼采能受得起多少详细的审查呢？他后来疯了。这能够说明他写的所有东西都没用吗？

扎克： 当然不能，罗克珊娜。

罗克珊娜： 尼采将女人描述为“虚弱、病态和反复无常的”。我很虚弱吗？

扎克： 不，不是。

罗克珊娜： 知道尼采写了这些话，某些女学生在读他的书时可能会觉得不舒服（尽管我不会），难道我们应该回避他的书吗？

扎克： 不，罗克珊娜，我当然不会那样建议。

罗克珊娜： 那么，你那考虑不周的建议还是自己留着吧。

莎拉： 我认为我们都会同意，在某些方面的行为和思考很糟糕的人也有可能做出伟大的科学发现或创造出伟大的艺术作品。人类是复杂的。扎克，如果你仍然试图通过攻击提出逻辑原则的人的其他方面来削弱这些逻辑原则，我们就会认为你之所以这么做是因为你不能对逻辑原则本身想出更好的反驳。

扎克：好，莎拉，为了论证的方便，让我们说，起破坏作用的并不是“真”和“假”这样的词语，也不是随之而来的琐碎的亚里士多德逻辑。让我们说，逻辑原则本身是无害的。我仍然对实话实说和不实话实说之间的油嘴滑舌的区分保持怀疑。

鲍勃：当你问路的时候，难道你不想别人实话实说，而是希望他不说实话吗？

扎克：鲍勃，有时候有很多条路通往同样的终点。

鲍勃：但你仍然希望别人指出的路通向**那个**终点，而不是通向其他地方。

扎克：有时人们发现了新的终点。在商店中，你身上就发生过的，鲍勃。

鲍勃：我不需要你提醒。

罗克珊娜：正如你指出的，被告知真相在效果上并不总是比被告知谎言更好，尽管通常要更好。这并没有削弱实话实说和不实话实说之间的**区分**。

莎拉：在到达你原来的终点和到达其他地方之间仍然有区别，即使你后来更喜欢到其他地方。

鲍勃：有的时候，我得到的是非常模糊的方向，事后也很难讲，那是不是实话实说。

扎克：谁想要地理上精确的方向？最有用的方向都是粗糙和简略的。最有用的词语不是数学上的精确表述。因为语言是模糊的，总是存在边界情形，做出实话实说和不实话实说之间的区分有什么意义呢？

罗克珊娜：几乎每个日常语言中做出的区分都有边界情形。它们不会使区分没用，例如秃头和非秃头的区分。有些人处于边界情形，不清楚他们是秃头还是非秃头。但是，因为其他人都很显然是秃头，或者很显然不是秃头，人们仍然可以用“秃头”一词来向某个从未见过他的人描述一个人的外表。

莎拉：鲍勃显然不是秃头。

鲍勃：听你这么说我就放心了。

莎拉：车厢那头的那个人显然是秃头。

扎克：他是慢慢变秃的，莎拉。他不会是某天早上醒来，突然发现自己的头发掉光了。他很多年都处于边界情形。

鲍勃：这一排最后那位呢？他尽力用长头发盖住自己的光头部分。他是秃头吗？

莎拉：另一个边界情形。

罗克珊娜：不，他显然是秃头。

扎克：将某人描述为秃头可能造成很深的伤害，罗克珊娜。

莎拉：我们没有说你，扎克！你仍然有很多头发。

扎克：我没有说我，莎拉。我是在说一种普遍的感受。区分是危险的事情。总是把人放在盒子中不好。你们谈论边界情形。做出区分就是将他们中的一些人划到线的一边，将另一些人划到线的另一边。如果没有通行证你们就不允许他们跨界。这是我已经反驳过的非此即彼的逻辑，是对区分的病态渴求。我们应该少花点时间来做区分，而多花点时间来……

鲍勃：繁殖。

扎克：也可以这么说，鲍勃，但我本来要说的是连接。

罗克珊娜：你现在也依赖于一个区分，区分和连接之间的区分。

扎克：即使在我们不得不做区分的时候，罗克珊娜，我们也不应该以一种审判的态度来应用它们。你希望人们因为被放到盒子中而心怀感激吗？那些盒子可能成为棺材。当小盒子不合身时，**我们**才应该感谢**它们**。它们提醒我们，我们的区分是为我们自己而做的，而不是为它们。

鲍勃：完全不懂你在说什么。

扎克：鲍勃，我们不应该认为我们的区分是**对的**，其他人的是**错的**。不同的区分适合于不同的目的。科学家依据原子结构来对物质做分类，但艺术家可能通过颜色来分类。

莎拉：纳粹根据人种的伪科学来区分雅利安人和非雅利安人，这又怎样呢？它非常适合于他们为迫害他人而寻找替罪羊的目的。这难道跟我们对人类与非人类的区分同样好吗？

扎克：你知道我不是在为纳粹辩护，莎拉。即使是这样，他们的确有自己的观点。历史学家必须理解他们，使他们的行为有意义。有些人认为纳粹是亚人类，但那仍然是纳粹式的思维。他们也是人类。

莎拉： 那是借口呢，还是罪名的一部分？我看到**你**用科学的方式，以物种来划分他们，而没有以伪科学的方式，以人种来划分。是科学发现了潜在的根本区别。

罗克珊娜： 莎拉继承的是柏拉图的衣钵。[1] 她希望顺着自然的关节来切分。

扎克： 看见了吧，莎拉，区分就是屠宰场。

鲍勃： 屠夫也有观点。

莎拉： 如果你喜欢更阴柔的隐喻，扎克，科学需要最**多产的**区分。生物学家试图发现更多产的方式来将生物区分成物种。

鲍勃： 看见了吧，扎克，这最终还是繁殖。

莎拉： 而所有区分之母就是真和假的区分。当你画一条线的时候，你把事物区分为两类，在线这一边的为真，在线另一边的为假。科学需要区分，因此它也需要真和假的区分。

---

① 柏拉图（Plato，约公元前427—前347），古希腊最伟大的哲学家。他的著作大多是用对话体裁写成的，在哲学上与文学上都有重要的价值。“顺着自然的关节来切分”，这个比喻出自柏拉图的《斐德罗篇》：265e-266a。

鲍勃：巫术也需要。某人是巫婆为真还是为假，这很重要。

扎克：莎拉，你的论证走得太快，我跟不上。即使真假之分在科学中是有帮助的（我对此保持怀疑），但这并没有使它也对科学之外的目的，比如形式更加开放的人类活动，也是必要的，有帮助的，甚至有意义的。

莎拉：即使要实现非科学的目的，也通常需要某种**行动**。如果以错误的假设为基础，一项行动就很可能会失败。对**各种**目的而言，真假之分都是重要的。

扎克：非常自信而彻底的断言，莎拉。真假之分对音乐有什么用呢？

莎拉：作曲家和演奏者也有自己的目的。如果作曲家想写一首庄严且感人的曲目，而且以为自己的乐谱听起来会是那样，但实际上它听起来只是令人愤怒的随机刮擦声，那么他就不能达到自己的目的，因为他没有实事求是。如果演奏者想表演乐谱中的章节，但却看错了，那么他也不能达到目的，因为他也没有实事求是。

扎克：莎拉，有些人可能更喜欢刮擦音乐，或读错的乐谱。

莎拉：即使他们是那样的，那也不是重点。作曲家和演奏者仍然没有达成**他们的**目的，因为他们在错误假设的基础上工作。

扎克：宗教中的真又怎样呢，莎拉？当有人说“存在上帝”时，他没有做出科学意义上为真或为假的陈述。

莎拉：那是因为“上帝”这个词没有科学意义。

扎克：它对做出这个陈述的人有意义。

莎拉：但是**我们**能理解它吗？

扎克：我们可以恭敬地使用**他们的**“上帝”一词来与他们交流。

罗克珊娜：那么我们可以说：在陈述存在上帝时，他们说的是真的，当且仅当存在上帝；他们说的是假的，当且仅当不存在上帝。亚里士多德的原则适用于科学陈述，也同样适用于宗教陈述。

扎克：但宗教人士回答“存在上帝吗”的方式与科学家回答问题的方式完全不同。

莎拉：那对宗教人士而言就更糟糕了。他们应该采取科学的方式来回答他们的问题，尤其是这么重要的问题。

扎克：如果他们采取科学的方式，他们就不是在玩宗教的语言游戏了，老路德维希会这么说。

鲍勃：哪个路德维希？

扎克：路德维希·维特根斯坦①，鲍勃。他会说，问题“存在上帝吗”和问题“存在玻色子吗”背后的语法非常不同。

罗克珊娜：根据语言学家的看法，“存在上帝吗”和“存在玻色子吗”具有相同的语法结构，句法和语义都一样。

鲍勃：我对语法懂得不多，我不知道你说的是什么区别，扎克。而且我认为我宗教界的朋友们也不愿意人们说他们的宗教只是一个游戏。

扎克：我认为你没有理解维特根斯坦怎么使用“游戏”和“语法”的，鲍勃。

鲍勃：为什么他不能用日常语言说话？从你所说的看，他把像“语法”这样的日常词语用成了他自己的技术行话。

扎克：鲍勃，他说的是比语言学家的研究更深的一种语法。

罗克珊娜：扎克是那种人，他们认为浑浊的河流比清澈的

---

① 路德维希·维特根斯坦（Ludwig Wittgenstein，1889—1951），犹太裔英国哲学家。代表性著作：《逻辑哲学论》和《哲学研究》。这里提到的“语言游戏”和维特根斯坦对“语法”的特别用法均出自他的《哲学研究》。

更深，因为他们看不到底。

扎克： 我乐意对你选择的这个隐喻进行精神分析，罗克珊娜。

罗克珊娜： 不要把你的下流思想投射到我身上。

莎拉： 精神分析数十年前在科学上就名誉扫地了。

扎克： 这不是要做科学，莎拉。它只是一种开放式的解释方法。

莎拉： 或误解方法。

罗克珊娜： 扎克会愿意听听我想说什么，而不是岔开到他的无关联想上吗?

扎克： 与它们的无关性有关吗，罗克珊娜?

罗克珊娜： 不要再采取拖延战术。扎克似乎在假设如果人们使用不同的方法来回答问题，他们就是指不同的东西。他否认“真”和“假”这样的词在宗教中的意思和它们在科学中的意思一样，因为它们是基于不同的方法来使用的。

扎克： 这就是意义的区别，罗克珊娜。

罗克珊娜： 不，你混淆了意义和证实方法。两个人可能用不同的方法来确定一个词在什么时候适用，但仍然用这个词指同样的东西。

鲍勃： 我又不懂了。

罗克珊娜： 在谋杀案中首次使用DNA测试后，“谋杀”一词的意思还是没变。

扎克： 那只是程度问题。这与以宗教和科学方法来回答问题之间有根本的不同。

莎拉： 即使他们也能回答同样的问题。宗教人士和科学家可能都会同意要成为上帝，需要有哪些性质和能力，但在试图找出是不是真的存在上帝时，他们使用非常不同的方式。一个使用祷告，另一个使用实验。

鲍勃： 祷告难道不是一种实验吗——等着看是否得到回应?

莎拉： 也许是，但不是那种得到恰当控制的实验。没有任何科学期刊会同意发表它。

扎克： 即使我们说“存在上帝吗”这个问题是一样的，它的答案却取决于我们从什么样的观点来回答。从科学的观点看，答案也许是“不”，但从有宗教倾向的人的观点看，答案是“是”。

莎拉： 你关于观点的说法在上一站之前就崩溃了。

鲍勃： 附带的损害比我的围墙小得多。

莎拉：是的，扎克刚刚说的是科学家认为答案是“不”，而宗教人士认为答案是“是”。问题在于，哪一个答案为**真**，哪一个为**假**。这取决于是否存在上帝。

扎克：你难道不认为那些给出所谓正确答案的在某种意义上比给出所谓错误答案的是**更好的人**吗？

莎拉：这并不是自然而然的。我们可以讨论在一个问题上谁对谁错，而不用就一般情况下谁更正确谁不正确进行表态。尽管如此，在实践中，采取科学方法的人们比其他人更有可能发现问题的真实答案，因为他们在理智上是诚实的，他们考虑所有的证据，而且他们也不沉迷于一厢情愿的想法。他们不会只是因为自己怕死就相信来生。

扎克：那是通过科学方法画出的自画像吗，莎拉？

莎拉：我不会装作总能达成自己的理想。照我说的去做，别照我做的去做。但以这些理想为**目标**，有科学思想的人们很有可能会比那些甚至都不愿意去**尝试**的人们做得更好。

扎克：莎拉，你这种对西方科学洋洋自得的信念，正是西方社会每次与非西方社会有观点冲突时，都认为自己一贯正确，而对方一贯错误的部分原因。这种态度使西方社会认为他们有权利轰炸和入侵非西方社会，好让他们走上西方标准下的正轨。

莎拉：我认为在更宽泛的科学事务上，自己是一贯正确的，而鲍勃是一贯错误的，但这不会让我觉得自己有权利入侵他的家，对他进行再教育。

扎克：莎拉，要是你比鲍勃强壮得多，你可能就会有不同的感觉，而本地警察就会和联合国一样无用。

莎拉：那不公平。宽容其他的意见，即使是完全执迷不悟的——

鲍勃：谢谢！

莎拉：（我并不只是说你，鲍勃）——正如我说过的，宽容在我的价值准则中居于中心地位。它对科学很重要，它使革命性的新理论得以显现。

鲍勃：扎克，不要太过自信地认为罗克珊娜不会侵入你的家，对你进行逻辑上的再教育。

罗克珊娜：我怀疑扎克还能否进行逻辑上的再教育。

扎克：欢迎你试试，罗克珊娜。

罗克珊娜：即使还能对你进行再教育（这种可能性很低），我也完全不想到你家去。你不得不另请高明了。

莎拉：言归正传，我完全拒绝扎克的想法，他认为坚持真假的区别会导致独断论。记住，真不是确定。科学坚持真假之分，但科学精神使我们自我批判，并且宽容对立的意见，因为我们都可能犯错。每当人们断言某件事情的时候，他都应该愿意加上"但我也有可能错了"。他不赞同的那个人可能最终是对的。在这种意义上，我称自己为"可错论者"。正是真假之分的重要性使我们保持谦逊，并且宽容他人。这是比我们所有人都更重大的事情。

扎克：换句话说，莎拉，你是说"没有巫婆，但因为我可能是错的，所以我不会强迫鲍勃赞同我"？

莎拉：是的，科学使意见的多样性得以繁荣。相互竞争的理论都有自己的支持者，所以每种理论都得到适当的检验，以发现它能解释什么，不能解释什么。经过这种过程，我们最终发现在我们所比较的那些理论中，哪种最好。即使我们接受了其中最好的那个，我们仍然加上"但我们可能错了”，因为仍然可能有任何人都还没有想到的更好的理论。目前大量的证据都有利于假定电子的理论，但也可以设想某一天这些理论会被假设其他东西的理论替代。

扎克：确实，莎拉，在中世纪，人们知道太阳绕着地球转。现在我们知道的与他们不同。我们知道有电子，但一千年以后的人们可能知道的与我们又不同。

罗克珊娜：又一个标准的低级错误。中世纪的人**并不**知道太阳绕着地球转。他们只是**以为**自己知道。只有当某件事确实是怎样的时候，一个人才能知道它是怎样。太阳那时没有，也从来没有绕着地球转。中世纪的人**以为**太阳绕着地球转，但他们错了。他们也以为自己知道太阳绕着地球转，但他们也错了。

莎拉：我同意你的说法，罗克珊娜。宗教带来信念而不是知识。科学带来知识，因为它得到适当的检验，尽管它从未实现确定性。

鲍勃：我也赞同罗克珊娜。莎拉只是**相信**巫术不管用，但她并不**知道**这一点。

罗克珊娜：重要的是逻辑。只有真的才能被知道。真的和假的都能被相信。

鲍勃：我觉得有道理。

扎克：像你们这些绝对主义者那样，把“知识”这个词和“真”绑到一起，就让“知识”传染上了“真”的所有疾病。

鲍勃：什么疾病？

扎克：鲍勃，我说的是权力问题，它用暴力来强加它所谓的真假之分。通过将“知识”与“真”相关联，权力也用暴力来强加它所谓的知识与无知之分。

莎拉：我没有使用暴力来强加任何东西！

扎克：军队帮你做了，你交了税来为他们发工资，莎拉。

莎拉：我没有投票赞成过任何的入侵。

扎克：这不只是你，莎拉。知识就是权力。真是政治的另一种手段。

鲍勃：如果我不得不在有知又有权和无知又无能中做出选择的话，我知道**我会**选哪个。

莎拉：使用知识的方式有好有坏。如果我们都是可错论者，承认任何人都可能在任何事情上犯错，我们就更有机会避免最坏的方式。可错论让我们对他人和其他的文明都更加宽容。

扎克：这意味着所有的文明在真和知识方面都是平等的吗，莎拉？

莎拉：不，那是荒谬的。科学更发达的文明当然比更原始的文明拥有更多的知识。你自己也假定不同的文明在权力上不平等。如果知识和权力是一回事，像你以为的那样，难道不会推出不同的文明在知识上也不平等吗？

鲍勃：如果美国总统是世界上最有权力的人，他也是最有知识的人吗？

扎克：当我说“知识是权力”时，鲍勃，我使用的是更微妙的同一性概念。

罗克珊娜：不，只是更混乱。

扎克：知识带来权力，权力带来知识。嘿，伙计们，这可是很复杂的。

鲍勃：鸡生蛋，蛋生鸡。

莎拉：扎克，你最开始说过，相对主义蕴含宽容。但那不对，因为对你们相对主义者而言，像宽容这样的道德价值和其他东西一样依赖于个人的观点。一个相对主义者也可以入侵其他国家，只要从他的观点看那是一个好主意。

扎克：从我的观点看，莎拉，那是非常糟糕的主意。

莎拉：我知道。我不是指责你个人是世界和平的主要威胁。只不过是可错论，而不是相对主义，通过提醒我们都可能犯错让我们停下来。它强调了我们在错误信念的基础上行动会面临的风险。相对主义解除了这种风险，因为这些信念从相信它们的人的观点看没有错。

扎克：不进行入侵的计划背后的假设和进行入侵的计划背后的假设不都一样是可错的吗，莎拉？

莎拉：是的，但意识到我们的可错性容易使我们更谨慎。不入侵是比入侵更谨慎的选择。

鲍勃：一个可错论的盟军统帅在 1944 年的欧洲会下令不进行诺曼底登陆吗？

莎拉：我认为一个可错论的盟军统帅会在观看了所有可获得的证据，或许再收集更多证据之后再下令登陆。

鲍勃：那么可错论实际上带来多大区别呢？

莎拉：也许实际上的盟军统帅，艾森豪威尔[①]，**就是**一个可错论者，至少在实践中，他就是像可错论者那样行动的。

鲍勃：难道相对主义者不能持有艾森豪威尔的观点，然后以同样的方式行动吗？

莎拉：但是，是可错论，而非相对主义，鼓励我们在做决定前收集更多的证据。可错论并不是说我们应该甘于错误，或不去做我们力所能及的修正。更好的证据带来更好的决策。

扎克：如果可错论看起来这么好，莎拉，那么，许多相对论者也会采纳它，不是当作绝对真理，而是当作他们自己的观点。那么，当他们做决定时，从他们的观点看最好的选择就是从可错论者的观点来看最好的选择。他们所做的事情就和可错论者所做的事情一样。

罗克珊娜：那是扎克搬起石头砸到自己脚的声音。他对相对主义的论证是，接受相对主义比接受绝对主

① 德怀特·戴维·艾森豪威尔（Dwight David Eisenhower，1890—1969），美国第34任总统（1953—1961年在任）。他在第二次世界大战期间担任盟军统帅，负责指挥1944—1945年进攻维希法国和纳粹德国的军事行动。

义有更好的实际后果。现在他又在论证说接受相对主义与接受绝对主义的其中一种形式——莎拉的可错论——有同样的实际后果。

扎克： 罗克珊娜，为什么假定可错论蕴含绝对主义？为什么不结合可错论和相对主义，从而两全其美？

罗克珊娜： 可错论说我们的任何信念也许都是错的。而相对主义拒绝“错”这样的词语。你如何结合他们？

扎克： 取走可错论的心。

罗克珊娜： 然后抛弃它的头。

莎拉： 谢谢你的好意，扎克，但恐怕我不相信你会是好的心脏外科医生。听起来我心爱的可错论在手术后难以幸存。让头和心在一起可能更好。

扎克： 有时只有剧烈的外科手术才能拯救病人，莎拉。

莎拉： 可错论不需要手术。它本身就很适合绝对主义。

罗克珊娜： 可错论是可错的吗？

莎拉： 当然它是可错的！但那不意味着它是错的。

第三幕
自负的优点

鲍勃：小心，刚刚走过去的那个穿黑衣服的女人可能是巫婆！至少我看她很像个巫婆。等她回来，别让她在经过你们时拿到任何一根头发。她可以用它来诅咒你们。

莎拉：哎呀，鲍勃，别再胡说八道了！她肯定不是巫婆。她只是去上厕所了。

罗克珊娜：在你看来，莎拉，她也有可能是巫婆。

莎拉：不要搞笑了。那是鲍勃的愚蠢想法，不是我的。

罗克珊娜：你称自己为可错论者。在你看来，任何人对任何事都是有可能犯错的。

莎拉：所以？

罗克珊娜：所以，在你看来，在她不是巫婆这一点上，你是有可能犯错的。

莎拉：原则上，是的，但可能性不大。

罗克珊娜：但如果你在她不是巫婆这一点上是错的，就可以推出她是巫婆。

莎拉：好大一个“如果”！

罗克珊娜：所以，在你看来，因为你有可能在她不是巫婆这点上是错的，她就有可能是巫婆。

莎拉：好吧，她有可能是巫婆，但可能性不大。

罗克珊娜：因此，你之前的否认错了，在你看来，她有可能是巫婆。

莎拉：不要哪壶不开提哪壶。

鲍勃：小心，她回来了。赶紧看那些山头上的阳光。

罗克珊娜：这景色很普通。

鲍勃：她走了。你们注意到了她在经过时怎样把手放到扎克的座位上的吗?

扎克：她要保持平衡，因为火车在摇晃，鲍勃。

鲍勃：她可能在你不注意时捡了你一根头发。

扎克：鲍勃，那我就不得不承担那种风险。

鲍勃：你仍然否认她是巫婆吗，莎拉?

莎拉： 是的。她不是巫婆。句号。

鲍勃： 你冒着直接说的风险？

莎拉： 是的。我曾经说过，我不得不选择自己的立场。生活是一桩冒险的生意。要弄对就得以犯错的风险为代价。

鲍勃： 但你对罗克珊娜承认了，她有可能是巫婆。

莎拉： 是的，那有什么问题？那是我的可错论。

罗克珊娜： 当鲍勃指控那个女人会巫术时，你说“她是无辜的，但她有可能不是无辜的”。

扎克： 那听起来可不怎么有说服力，莎拉。

莎拉： 但它是真的！

鲍勃： 说“她是无辜的，但她有可能不是”，你一手给出去，另一只手又收回来了。

莎拉： 你说得有道理。我的话听起来是很奇怪，好像我在讲这个句子的半途上失去了勇气。或许我不该在一开始就直接断言“她是无辜的”。

罗克珊娜： 这个问题很普遍，因为你的可错论是普遍的。它暗中破坏了你对任何事情要做的任何直接断言。

莎拉： 难道我不能直接说“很有可能她是无辜的”吗？

罗克珊娜：你已经承认过的，关于概率，你也是可错的。

莎拉：是的，当然。

罗克珊娜：因此你不得不说“很有可能她是无辜的，但也许不是很有可能她是无辜的”。

莎拉：那听起来还是很糟糕，不是吗？

扎克：我想我不能推荐你做她的辩护律师，莎拉。

莎拉：问题在于直接断言了某件事，然后又补充它也许不是这样。这跟要讨论的东西无关，即便是概率。或许人们就是不应该直接断言任何东西。

罗克珊娜：你是要断言人们不该断言吗？

莎拉：不，那我就会打自己的嘴了，不是吗？我最好是**猜想**人们不该断言。

罗克珊娜：莎拉不敢做出承诺。

鲍勃：你还能够直接思考问题吗，莎拉？

莎拉：我们在思考时和说话时同样是可错的。人们也应该愿意在他所想的任何事情后面增加“但我也许是错的”。两者的问题是相同的。正如我们不应该直接断言任何东西，我们也不应该直接思考任何东西。

鲍勃：你曾经说过你不得不表明立场。现在你在表明什么立场呢？

莎拉： 如果表明立场意味着对其保持独断，那我不会表明任何立场。无论我想什么或说什么，都当我只是在猜想。

鲍勃： 我从来没有想到你会犹豫不决。如果你所有的想法和说法都是猜想，你如何下定决心做某件事情呢？你如何决定什么时候该下车？

莎拉： 我不得不依据概率来做。

鲍勃： 你是说对概率的猜想？

莎拉： 我不得不依赖于我的某些猜想。我对它们中的一些比另一些更自信。我对应该在哪一站下车很有信心。

鲍勃： 你猜想你很有信心。

莎拉： 我对我很有信心这件事很有信心。

罗克珊娜： 你是不假思索地登上这列火车，还是考虑过要做什么？

莎拉： 我当然不是随机选到这列火车的。我检查过月台。如果你真的分析我的思想过程，我想你会发现，我从关于车站通知的可靠性的猜想等等出发，推出我应该上这列火车的结论。

罗克珊娜： 你依赖于这样的猜想，得出这正是你要坐的火车。

莎拉： 或者依赖于这样的猜想，得出这很有可能是我要坐的火车。

罗克珊娜： 无论如何，你依赖于猜想。

鲍勃： 这又说到哪里去了？

罗克珊娜： 如果没有耐心，你永远弄不明白。莎拉，你认为在决定做什么时，直接思考某事和依赖某事来猜想之间有什么区别呢？

莎拉： 区别在于，我愿意补充“我有可能是错的”。

罗克珊娜： 除了补充“我有可能是错的”，你就是在直接思考。

莎拉： 补充是关键的。它使我保持谦逊。

罗克珊娜： 实际上你的决定都一样，因为它取决于你的推理中的假定，而不是你对可错性的承认。你仍然登上了这列火车，只是以一种谦虚的方式。

莎拉： 我经常检查我的假定。

罗克珊娜： 即使是直接思考某件事情的人，为了保险起见也可以进行核查。看起来你的实际行动没有也不能遵循你从不做直接思考的决定。补充“但我有可能是错的”仅仅是一种良心上的安慰，因为你已经违反了你那不切实际的原则。自你禁止直接断言以来，你已经做了许多直接断言。你刚刚也直接断言你经常检查你的假设。在吹嘘你的谦逊时你做的断言更多。

莎拉：关于我的谦逊，我也有可能是错的！

罗克珊娜：当一个罗马皇帝在城市的大街上炫耀胜利时，他身后战车上的一个奴隶在他耳边小声地提醒他必有一死的命运，以让他保持谦逊。这样的提醒能有多大作用是令人怀疑的。可错论者就像这个奴隶，小声地提醒我们人类的可错性，这种提醒虽然值得尊重，但更多是例行公事而且也没有实际的效果。

莎拉：那不公平。可错论者的提醒非常特别。我们所想的每一件事情，要是它们为假，我们在生理上和心理上也能够思考它们。尽管我认为这是我的火车，在它实际上不是的时候，我在生理上和心理上也能认为它是我的火车。

罗克珊娜：典型的轻率概括。当你事实上不存在时，你能够在生理上和心理上认为你存在吗？

莎拉：那是一个特例。如果我都不存在，我当然不能在生理上和心理上认为我存在。

罗克珊娜：那你能够在生理上和心理上思考你在思考，而实际上你没有思考吗？

莎拉：不。如果我**在思考**我在思考，那就是在思考。

罗克珊娜：你能够在生理上和心理上思考你是可错的，而你实际上是不可错的吗？

莎拉：没有人能在生理上和心理上是不可错的。不管怎样，我想一个不可错的生物不可能将自己的不可错弄错。

罗克珊娜：当 5+7 实际上是另外的东西时，你能够在生理上和心理上思考 5+7 是 12 吗？

莎拉：不，5+7 不能是另外的东西，只能是 12。

鲍勃：人们可以用“+”来指乘法，而不是加法。

罗克珊娜：当然，但在那些情形下，5+7 仍然是 12，而不是 35。只是“5+7”这个**符号**表示其他东西，而不是 5+7。不要再混淆问题。

鲍勃：抱歉。

莎拉：我明白了。我刚才弄错了，并不是无论我们思考什么，我们都在生理上和心理上能够思考它们是错的。我们并不总是在我先前以为的那种方式上是可错的。但我仍然是一个可错论者，我承认我的错误，并且向它们学习。我收回我之前的错误概括。可错论的要点更抽象：人类在任何思想领域都在生理上和心理上是有可能犯错的。即使在数学中，我们也有可能算错。

罗克珊娜： 所以可错论只是对人类可错性的一般提醒，正如我说过的。

鲍勃： 有时我以为自己算对了，但后来发现我算错了。那当我算对的时候，我怎么知道我没有算错呢？

莎拉： 你的算术是有多差啊？如果你真的那么差，也许你都不知道自己算对了——即使你得到了正确答案，你也只是碰巧得到的。

鲍勃： 我没有那么差。我经常算对。

扎克： 你没有可能记错吗，鲍勃？

鲍勃： 我的算术是有可能比我自己以为的更差些。

罗克珊娜： 即使一个完美的超人计算者，有着超强的记忆力，它也可以对自己说“我有可能是一个记忆力很差的糟糕的计算者，只是自己看起来是有超强记忆力的完美计算者”。这就表明它不知道5+7是12吗?

莎拉：那就太荒谬了。除非不存在知识，一个优秀的计算者肯定知道5+7是12。可错论的要点是建立一种知识标准，像我们这样的动物也能达标。它要使人类知识变得可能。建立一种排除所有知识的标准达不到这个目的。如果我们计算正确，我们就知道5+7是12，即便如此，我们仍然可以用离奇的怀疑来折磨自己。

扎克：你现在有施虐受虐狂的感觉吗，莎拉?你在受虐**和**施虐时都很享受。

莎拉：说你自己吧，扎克。

罗克珊娜：莎拉不情愿地承认了她知道5+7是12。

莎拉：是的。根据正常的人类标准，我可以计算正确。我知道5+7是12。

罗克珊娜：你仍然愿意补充“但对5+7=12我有可能是错的”吗?

莎拉：或许我不该。如果我对5+7是12有可能是错的，那我就不知道5+7是12。但我**确实**知道。我们不应该如此轻易地说出“我有可能是错的”，这会贬低它的价值。使“我知道”太困难和“我有可能是错的”太容易是同一个硬币的两面。为“我知道”建立一种我们永远达不到的标准是没有意义的，为“我有可能是错的”建立一种我们总是达到的标准也同样没有意义。为什么要设立不可能通过，或不可能通不过的测试呢？

扎克： 我有一个最出色的老师，他曾经为选课的每个人都打 A，莎拉。

莎拉： 他想受大众欢迎。

扎克： 他确实很受欢迎，但那是因为他的讲座鼓舞人心、气质独特，而且敢于打破偶像崇拜。

莎拉： 那听起来很烦人啊。他经常说“我有可能是错的”吗？

扎克： 他没有使用过那个词汇，莎拉，但我从来没有遇到过比他更思想开明的人了。

莎拉： 嗯，我倒是使用这个词汇，但不是不加区别地使用。我不会说“我在 7+5=12 上有可能是错的”。

罗克珊娜： 莎拉终于不再自以为是地炫耀理智的谦逊了。

莎拉：没有人会因为理智的谦逊来指责你。

罗克珊娜：我指责的是你的自以为是，不是谦逊。

鲍勃：那么你的结论是什么呢，莎拉？

莎拉：我们不完美也能获得知识。在正常的情况下，我们可以正确地使用我们正常人类的知觉和推理能力。我们不应该羞于承认我们有知识。但我们也不应该忘记我们只是人类。

扎克：人类，实在太人类了。

莎拉：用人类的标准来判断人类的知识。科学为我们提供了大量知识。它建立在知识的基础之上，那些知识是我们通过使用我们的人类感官去观察这个世界而获得的。

扎克：那你现在通过观察这个世界知道了什么，莎拉？

莎拉：我们四个都知道太阳在闪耀。我们可以看见它。

扎克：那你能向我证明我们不是处于幻觉中吗，莎拉？

鲍勃：莎拉不需要向你证明任何事情，扎克。

扎克：不只是向我，鲍勃。如果说话者不认为自己在做知识陈述时对他人负有责任，他们就是独裁者。你不能让别人接受你的知识陈述，而不给他们任何挑战你的机会。**任何人**都可以说“如果你想要我接受你的陈述，向我证明它”。如果莎拉不愿意玩这个游戏，她就不应该做出知识陈述。

莎拉：我**愿意**玩这个游戏。作为一个科学家，这次我站在扎克这边。

扎克：开酒庆贺吧！

莎拉：保持清醒吧，扎克。我们仍然有许多分歧。但依据权威来接受陈述是反科学的。科学对人类可错性做的补偿是让所有陈述都有被挑战的可能。

罗克珊娜：我可以挑战这个陈述吗？

莎拉：你对科学知道多少，罗克珊娜？

扎克：这听起来有诉诸权威的嫌疑，莎拉。

莎拉：我只是问罗克珊娜一个问题。

鲍勃：你看见了吗，莎拉，穿黑衣服的女人又经过了？

莎拉：她只是去洗手间。

鲍勃：离上一次也太近了吧。她在那里干什么？她肯定不会干什么好事。

莎拉：女孩要做女孩该做的事情。

罗克珊娜：她不是女孩。

鲍勃：她的手袋里装的什么东西？化妆品？我的直觉告诉我她是巫婆。

莎拉：我们都知道她不是。好，或许你不知道，鲍勃，但那只是你的邪恶观点。

鲍勃：你刚才说我是恶棍？

莎拉：我只是说，要不是你的古怪观点，你也会知道她不是巫婆。

扎克：莎拉，你可以向鲍勃**证明**她不是巫婆吗？

莎拉：有谁能改变鲍勃对巫术的看法吗？鲍勃，我们可以在她回来时做点什么来检测她是不是巫婆吗？

鲍勃：那会很危险。永远不要和巫婆打照面。

莎拉：我愿意承担这个风险。如果她**真是**巫婆，而我要求看看她的手袋，她会做什么？

鲍勃：她不会让你看。之后，她会诅咒你。

罗克珊娜：我也不会让莎拉看我的手袋，但我不是巫婆。

鲍勃：谁知道呢，只是听你这么说罢了。

莎拉：她过来了。

扎克：她可能在手袋里放了很私人的物品，莎拉。

鲍勃：莎拉，不要做任何事情！那太冒险了。

莎拉：打搅一下，这听起来有点荒唐和冒犯，但是你能让我看一下你的手袋吗？我们在打赌……谢谢，你太好了……我赢了。

扎克：里边有什么？

莎拉：很多漂亮的化妆品。

鲍勃：她什么话都没有说。那太可疑了。你看到她看你的眼神了吗，莎拉？谁知道她对你做了什么？你感觉还好吗？

莎拉：我觉得很好，谢谢。鲍勃，你现在必须说，她不是巫婆。你说过，如果她真的是巫婆，而我要求看她的手袋，她会不让我看。我刚刚要求了，她也让我看了。所以，根据你自己的测试，她不是巫婆。

鲍勃：我有可能在巫婆被要求看手袋时会做什么这点上弄错了。

莎拉：哦，鲍勃，你怎么能这样？不管怎样说，她包里的东西被你冤枉真的很无辜。

鲍勃：它**看起来**无辜，我肯定。熟练的巫婆都会让她的巫术材料看起来和普通的化妆品一样。莎拉，你的麻烦可能比我以为的还要深。自私地说，我庆幸我没有处在你的位置。

莎拉：看到了吧，扎克，关于改变鲍勃想法的事情？

扎克：鲍勃，你肯定还是坚持自己的观点。而莎拉，**你**又不能向鲍勃证明他是错的。

莎拉：根据合理的准则，我仍然**知道**他是错的，她不是巫婆。在他突然改变规则之前，我甚至用鲍勃自己的标准证明了。我不能说服**他**并不说明**我**不知道。只是说明**他**冥顽不灵。

鲍勃：根据合理的准则，**我知道**她是巫婆。当她站在那里的时候，我真的可以感觉到。

莎拉：鲍勃，知道并不只是你自己的个人感觉。而是你能用别人也能检验的标准可以证明什么。那是科学的方法。

鲍勃：我不算别人吗？我告诉你，你的证明不管用，因为它依赖于我关于巫婆会做什么的一个错误判断，但你不接受我的修正。这又有多科学呢？

莎拉：检验需要由合格的法官做出，而不是在大街上走的随便某个老人。

鲍勃：所以，我只是随便某个老人？

莎拉：我并没有针对你，鲍勃，但是如果科学结论必须被每个人认可，一个怪人就可以让我们永远停止前进的脚步。

鲍勃：“怪人”!

扎克：谁来决定谁是合格的法官，谁是怪人呢，莎拉?

莎拉：科学共同体自己。

扎克：你是说，那些已经被认可为合格法官的人吗，莎拉?

莎拉：是的，效果上是这样。大家彼此更了解。

扎克：莎拉，你所说的是这样的。科学共同体是一种自我维护的精英。我们其他人必须接受他们的权威。他们需要向彼此证明自己的科学断言，而不需要向我们证明。这难道不是非常独裁的组织吗?

莎拉：科学共同体不是封闭的。任何人都可以加入，只要他们接受科学教育并通过考试来证明自己是合格的。

扎克：向那些**已经在那个共同体中的人**证明他们的能力，莎拉。你是在告诉鲍勃，你的知识断言算数，而他的不算数，因为你属于科学俱乐部，而他不属于。你的知识断言难道不只是赤裸裸的权力的遮羞布吗?

鲍勃：看看车厢下的那条狗。它在摇尾巴，因为它知道有人要喂他吃的了。

罗克珊娜： 和往常一样，鲍勃的注意力在漫游。

莎拉： 鲍勃关于狗的知识断言也是赤裸裸的权力的遮羞布吗，扎克？

扎克： 是的，你说对了，莎拉。

鲍勃： 谁的赤裸裸的权力？狗的？

扎克： 不，是**你的**，鲍勃。人类决定狗知道什么。狗在这方面什么都没说。

鲍勃： 你可以不喜欢我的衣服，但不要说我是赤裸裸的。

扎克： 我喜欢你的衣服，鲍勃。但正是那些穿衣服的决定了不穿衣服的知道什么，正如科学家决定非科学家知道什么。

罗克珊娜： 现在“赤裸裸的权力”已经穿上合适的衣服了。

鲍勃： 我有一棵无花果树。它的一片叶子不能让你保暖。甚至也不会为你遮羞。

莎拉： 总之，我们人类可以判断动物知道什么，但我们的判断也可能出错。看吧，那条狗之前不知道有人要喂它**吃的**。它正从碗里**喝**东西。它之前只是知道有人要喂它水。

扎克： 那是人类对人类判断的纠正，莎拉。

鲍勃： 现在它知道它碗里有水。它可以看见，也可以品尝。

罗克珊娜：狗能够向合格的法官证明它的碗里有水吗？

莎拉：狗不能向任何人证明它们的信念。希望它们证明就太愚蠢了。但是它们仍然知道一些事情，通过它们的感官。

鲍勃：如果狗可以不用证明就知道，为什么人类不可以？

扎克：我们可以说话，它们不可以，鲍勃。

莎拉：如果一个人宣称知道某事，我可以要求其证明。如果他们不能给出证明，我就拒绝这个知识判断。可以期待人类满足他人的证明要求，因为他们理解这个挑战。狗不能理解，因此不能期待它们满足要求。

鲍勃：你是说，因为我们会说话，而狗不会，因此我们要获得知识就比它们更难？我们要能够回答问题；它们不用。你应该希望语言让知识变得更容易，而不是更困难。

莎拉：没有语言，就没有科学知识。人类有科学知识，而狗没有。

鲍勃：那就考虑人和动物都有的知识。我们和狗都知道它的碗里有水。

莎拉：没有了。它喝完了。

鲍勃：好吧，我们知道它的碗里**刚才**有水。狗不需要向任何人证明这一点。它只是知道。但你说**我**不能只是知道。我必须向任何有要求的“合格法官”做出证明。

莎拉：被问到你怎么知道时，你可以一直说“我记得”。

扎克：那不够，莎拉，如果他们问你如何知道你没有记错。

鲍勃：那我能说什么，除了我**的确**知道之外？扎克，像你这样的人应该能做得更好。你总是有话说。

扎克：你说对了，鲍勃。我不是那种强壮却很安静的类型。

鲍勃：在我住的那条街头有一个人。他会说话，但不是很聪明。如果你问他“你怎么知道狗的碗里刚才有水”，他就会被难倒。他甚至不可能会想到说“我记得”。但他**确实**记得。即使他不能给你证明，但他仍然知道。擅长空谈的知识分子设立一种适合自己的知识标准，而把我们许多其他人都排除在外，这不公平。

莎拉：好，但不要假装他的知识是科学的一部分。即使知识不需要证明，科学也设定了更高的标准。

鲍勃：你自己说过，科学以观察为基础。科学家依赖于他们通过感官获得的知识，和动物一样。

莎拉：现在很多观察都是通过显微镜、望远镜、测量仪等做出的，它们直接将结果输入电脑，而没有人的干预。其他的实验室会重复实验，对不同实验的结果进行比较，并应用了统计学的测试。它可不像只是看看窗外，就说你认为你看到了什么。

鲍勃：不要告诉我没有人类技师来照看所有这些机器，确保它们正常工作。**他们**仍然依赖于他们的眼睛和耳朵。

莎拉：但是，整个过程仍然比动物知觉本身可靠得多。

鲍勃：或许是吧。但你阅读科学杂志时，你不是也相信你的眼睛可以阅读，也信任写作它们的科学家吗？谁说那不是谎言呢？

莎拉：文章都是由期刊（不是杂志，鲍勃）编辑特别选定的合格评审人和其他科学家检查过的。

扎克：编辑不会选出懒人或有偏见的评审人吗？或者直接假装文章已经被检查过，而实际上没有？莎拉，你和我都知道，他们也是人。

莎拉：当然。错误和谎言确实存在，但长期来看，它们会被发现，被纠正。

鲍勃：虽然你这么说，但我不把它叫做**证明**。我们在一份科学**期刊**上读到的任何东西都有可能在下一份期刊上被纠正。即使它是错的，也不能确保它一定会被纠正。

莎拉：在这个世界上，你不能指望那么多保证，鲍勃。

鲍勃：对洗衣机而言你就可以。为什么对科学期刊就不行？

莎拉：你知道我说的不是那种保证，鲍勃。它不能阻止机器坏掉。我们只能降低不可靠性，但不能完全消除它。又是可错论。

扎克：莎拉，你不是在告诉我们要凭信仰接受你的科学观点吧？

莎拉：不，我没有。这不像宗教。即使有小故障，科学仍然是我们获得关于世界的知识的最好手段。它完全不同于一堆信仰，在那儿你只是选中一个观点，而没有使那种观点为真的任何证据。我们都同意，知道并不意味着你能使偏执的怀疑变得沉默安静。

扎克：那你现在是将你的对手诊断为有精神病吗，莎拉？

鲍勃：你是说我疯了吗，莎拉？

莎拉： 不，当然不是。是扎克在试图刺激我。

扎克： 是我有人格缺陷，对吗，莎拉？你不是认真对待我所讨论的，极端复杂的知识与权力的问题，而是诋毁那些不接受你的观点的人。你透露了那些挑战科学权威的人所能够期待的治疗：精神病治疗。

鲍勃： 那是不是有点夸张了，扎克？我从来没有因为我相信巫术而被迫害，或关进精神病院，尽管我在独处时有些奇怪的表情。

扎克： 我很尊重你，鲍勃，但你不够重要。你没有威胁到科学的建立。而我们得到了一些线索，知道要是他们**确实**感受到了威胁，将会采用什么办法。

莎拉： 嘲笑不是更有效吗？要讽刺科学的对手们很容易，那些相信地球平坦的人们，让自己看起来荒谬至极。

扎克： 是的，莎拉。讽刺是保守主义的强大工具。笑话依赖于未经检验的假设。笑声成了思考的替代品。

莎拉： 在我的经验中，讽刺通常是攻击政府，而不是对手。如果我们不嘲笑那些荒唐事，坏的统治者会做得更过分。没有人会嘲笑他们华而不实的修辞。一点幽默感是暴政的解毒剂。

扎克： 如果他们在为人们**已经**接受的价值服务方面明显做得太差，那么政府就会倒台。而我关心的是那些价值本身的权威性。那是隐藏的权力。它属于人们**不**觉得好笑的权力。他们嘲笑那些风光不再的法官；他们不嘲笑**公正**。

罗克珊娜： 他们嘲笑真理，而不是真。

莎拉： 他们嘲笑理性实践，而不是理性原则。

鲍勃： 人们不嘲笑那些价值的原因当然是因为它们不好笑。

扎克： 不，鲍勃，它们不好笑是因为人们不嘲笑它们。

莎拉： 一个疯掉的独裁者也会嘲笑真和公正，甚至理性。

鲍勃： 如果他那么做，他就做**错了**。

扎克： 从谁的观点看呢，鲍勃?

鲍勃： 从所有正派的人的观点。

扎克： 谁决定谁正派，鲍勃?

鲍勃： 好吧，不管我是不是正派，我都不会嘲笑真，或公正，或理性。

莎拉： 我也不会。

罗克珊娜： 我也不会，我已经体验过它们的缺席了。

扎克：好，你们所有人，都想用真、公正和理性这类保守价值的名义让我闭嘴！你们有权力。你们和我，三对一。我敢打赌罗克珊娜不会认为逻辑好笑，而莎拉也不会认为科学好笑。

鲍勃：巫术也不是好笑的事情。

罗克珊娜：逻辑中的有些证明非常好玩。

扎克：对我们其他人不好玩，罗克珊娜。这次我认为我是站在多数人一边的。

罗克珊娜：那是你的损失。你谈论知识和权力。你对你的喋喋不休赋予何种政治意义呢？我现在不是在开玩笑。

扎克：解放，罗克珊娜，那就是全部。你所说的这些喋喋不休，帮助我们从一些价值的无声统治中自我解放。这些价值是我们从未选择或感觉到的，是不可见的结构强加给我们的。它让我们警醒，知道是这些隐藏的思想在控制我们，所以我们可以站起来反抗。

莎拉：以什么名义？

鲍勃：你要解放我们去做什么？

扎克：任何你想做的事情，鲍勃。

莎拉：难道我们想做的事情不依赖于我们的价值观吗？一旦你把我们从旧的价值观中解放出来，我们还有什么价值观呢？

扎克：还有你们所选择的任何价值观，莎拉。

莎拉：没有价值观的人怎么在价值观中做选择？随机选？

扎克：莎拉，我说的不只是道德价值。我说的是整个思考方式、生活形式、世界观。

莎拉：那更糟。没有思考方式的人怎么在思考方式之间选择——不假思考地选？随机思考已经是一种思考方式了（极其糟糕的一种）。

鲍勃：如果你没有任何思考方式，你肯定已经脑死亡了。

莎拉：扎克，你反对理性论证背后所隐藏的假设，你考虑过**后果**吗？它实际上消除了理性论证的权威。

扎克：那有什么可怕呢，莎拉？你是个成年人，你不需要你老爸来告诉你该做什么，更不需要一个被你称作“理性论证”的冒牌老爸。

莎拉：你不要把我的父亲牵扯进来。我会说你只是个调皮的小男孩，被过度放纵的父母宠坏了，所以才以为自己可以抛开一切而爱上丑恶的访客。问题在于你破坏了理性论证的权威。这样解放出来的人们，只是以他们最深的偏见来行动，而无需为偏见做理性证明。不要指望他们那时所做的事情会在政治上让你称心如意。如果他们觉得被解放后要选择不公正和残酷，你可能就不会喜欢那个结果。你可能是第一个面墙排队被枪毙的人。

扎克：那是任何革命性的思想者都必须面临的危险，莎拉。

鲍勃：在我小的时候，我在一个公社里待过好几年。他们说那是一个自由的社区，每个人的观点都和其他人的一样好。最后的结果是，少数人成了老板。

莎拉：他们都是男人？

鲍勃：多数都是。他们欺凌弱小的人。他们从来不打人，他们只相信自己，巧舌如簧。他们喋喋不休。

莎拉：那怎么做决定呢？

鲍勃：无休止的开会。“自由开放的讨论”。如果你违背了他们的意愿，他们就把你贬低到尘埃里去。让你觉得自己很蠢。按照官方的说法，我们都是平等的。但任何人都能看出谁在上面。他们与他们所喜欢的任何人睡觉。如果她拒绝，他们说她受反动的偏见控制，需要由他们来解放。有时候我觉得更像是强奸。如果你试图与他们争辩，他们会指责你是在假设你的观点比其他人的更好。最后，我作为被解放的人养大，然后离开了。你的想法让我想起了他们，扎克。

扎克： 那是太不公平了，鲍勃。

罗克珊娜： 扎克求助于公平这项价值了。

扎克： 我觉得**鲍勃**会认为公平有价值，罗克珊娜。

鲍勃： 的确。那你说我不公平，是什么意思呢？

扎克： 首先，哪怕在做梦的时候，我也不会去强奸任何人。

罗克珊娜： 可惜你的思想在醒着的时候没有睡着的时候那么守规矩。

扎克： 我非常尊重女性，罗克珊娜！我的一个女性主义朋友曾告诉我，我是她见过的最激进的女性主义者。

鲍勃： 我没有说你是强奸犯，扎克。你的说话方式让我想起了他们的说话方式，仅此而已。

扎克： 他们的理论观点是什么呢，鲍勃？

鲍勃： 他们总是进行争论。理论、政治、霸权、解放，等等。我几乎一个字都听不懂。

莎拉： 这听起来像是理论上的无政府主义，实践上的暴政。

扎克：我不是无政府主义者，莎拉。我的政治立场完全不一样。它更加复杂而且层次更多。总之，不管那些人是哪种政治立场，鲍勃，我们不能凭你的公社中发生的事情来做判断。用所谓的经验来检验理论真是很傻很天真。

莎拉：那是判断一个理论的科学方式，让它的预言接受经验的检验。

扎克：莎拉，不要忘了，人们会假装在应用他们实际上根本就不关心的政治原则，好让他们的行动看起来是合法的。或者他们也会误解自己的理论观点所蕴含的结论。或者实验会因为人们对理论介入怀有敌意而失败。

莎拉：好吧，如果我们不能用经验来评判一个政治理论，那更好的测试是什么？

扎克：莎拉，你可以严格地分析理论本身，找出它内在的矛盾是什么，或者它是不是有解放效果。那不是强加某种外部的理性的“真”标准，而只是从内部来澄清理论。

莎拉：很好，但是在你做了澄清之后，你怎么判断它说的是否为**真**呢？

扎克：又是那个词，莎拉！我把自己和他人都看成最初的**能动者**。我们给了人们理智工具来分析他们自己的处境和假设。他们如何用这些工具由他们自己决定。

鲍勃：我懂了。你给人们炸弹。他们要扔向哪里由他们自己决定。

罗克珊娜：幸运的是，大多数炸弹都没有爆炸。

扎克：它们有定时引信，罗克珊娜。它们迟早会爆炸的。

罗克珊娜：那是制造商会说的话。

扎克：你只是没有意识到这种理论有多大的爆炸性，罗克珊娜。它与今天的政治的关联性要比你们从电视新闻上看到的大多数内容更大，它甚至与明天的政治更相关。

罗克珊娜：对政治相关性的声明是它没有政治相关性的又一表现。

扎克：你想的都是当前的政治结构——在下次选举中谁得到多少选票和席位之类的事情。理智革命需要的时间更长，但长期来看也更彻底。

莎拉：从科学的观点看，政治中的理性论证和证据运用实在是太**少**，而不是太多了。你不鼓励对理性标准的尊重，扎克，那你制造的混淆就是政客们为逃脱公众监督而得以藏身的烟幕，尽管我确信那不是你的本意。如果我指责一个政客错了，他回答说“错”是一个危险的词，人们**应该**发笑。但如果他们的反应是点头赞许，那我们就有麻烦了。

扎克： 我愿意生活在这样的国家，它有一个开放的相对主义者政府，莎拉。它不像绝对主义者的国家那样，有大量的记录档案。

莎拉： 你之前不是承认了有些相对主义者的行为和可错论者一样吗？

扎克： 是的，莎拉。我不能替其他相对主义者说话，但是**我喜欢的**那种相对主义者政府会对不同文化和不同观点更加宽容。

莎拉： 这和可错论者的宽容一样。你必须先确定自己是对的，才能因为别人的错误而迫害他们。

鲍勃： 对某些人来说，迫害就是娱乐。他们或许等不到他们能够确定的时候。

罗克珊娜： 扎克的政府会阻止在公共生活中使用“真”和“假”这样的词语吗？它会允许在学校中使用它

们吗？

扎克：我的政府，按你的叫法，罗克珊娜，会提问题，不会宣布答案。

罗克珊娜：提问题不是在进行统治。你不想统治，你只想批评。

扎克：批评有什么错呢，罗克珊娜？

罗克珊娜：你爱怎么批评就怎么批评，但如果其他人在做决定，可不要觉得惊讶。

莎拉：在科学中，对理论进行批判是必要的，但先建立它们也同样必要。

鲍勃：如果只是为了打倒，为什么要建立它们？

莎拉：也不是全部都被打倒了。有些理论是真的。血液循环的理论是真的：它确实如此。而有些错误的理论跟真很接近，因此可以作为有用的近似。尽管爱因斯坦否定了牛顿物理学，但牛顿物理学仍然用于太空火箭的设计。科学理论既被检举，也得到辩护。否则，它们会在没有公平审判的情况下就被判有罪。而它们中有一些是无辜的。

扎克：“无辜”也意味着**幼稚**。科学中的批评总是不公平的，莎拉。它从来没有质询科学自身最深的预设。

莎拉：比如？

扎克：比如科学语言作为观察世界的透明介质的可能性。

鲍勃：扎克现在说的是什么？

扎克：我是说科学将语言当成世界之窗来对待，鲍勃。

鲍勃：哦？难道不是吗？

莎拉：科学家只是愿意继续做科学研究。他们使用语言来描述世界，而不浪费时间去询问关于语言本身的哲学问题。

扎克：正是这样，莎拉。他们不会停下来对他们认为是理所当然的东西做反思。

莎拉：你还没有证明科学**的确**预设了语言是窗户，或者为什么这样预设不好。

扎克：而**你**也没有证明它**没有**这样预设，或为什么这样预设**是**好的。

莎拉：如果科学不得不对它所说的任何东西都给出进一步的证明，那就无从开始了。

扎克：或许你想象的那种科学本来就无从开始，莎拉。

莎拉：像现在这样的科学**已经**开始了。这对我而言就足够了，瑕不掩瑜。

扎克：莎拉，那正是我所抱怨的保守主义。你不去质疑科学的运作方式，或它的自我宣称。

莎拉：我没有说科学是完美的，但生命太短，没有时间做无穷的质疑，质疑的质疑，质疑的质疑的质疑……人们必须从某个地方开始。

罗克珊娜：扎克的质疑也是有选择性的。那就是他所希望的统治吗？去质疑他不喜欢的东西，而不去质疑他喜欢的东西？

莎拉：心虚的独裁者就会那么做，他总是获得自己想要的东西，但表面看来却从来不独裁。不用明确下令，他的爪牙们就会因为害怕而去破坏他所质疑的任何东西。

鲍勃：谁会害怕扎克？

扎克：是我自作自受！莎拉和鲍勃，我试图扮演你们之间的和事佬；结果双方都在骂我。我问了一些问题，然后就被指责为想做独裁者。

罗克珊娜：和事佬有时也有自己的议事日程。扎克有策略地选择他的问题，而不是随机选的。质疑真而不去质疑解放所达到的效果与质疑解放而不追问真所达到的效果是不同的。

扎克：我对**两者**都质疑，罗克珊娜。

罗克珊娜：其中一条线上的质疑对你而言似乎比另一条更

加迫切。

莎拉：无论扎克要做什么，我们都应该把分歧公之于众，而不是隐藏起来，难道我们不能就此达成共识吗？

扎克：莎拉，将分歧公之于众最有效的方式就是**战争**。

莎拉：显然我不是那个意思。我的意思是将问题表达清楚，消除歧义或模糊，好明确我们的分歧究竟在哪里。

罗克珊娜：外交手段就包括使用歧义和模糊的艺术，以便构造出那种所有人都能同意的语词，从而大家都能留有面子。

莎拉：这是最后一招，要不然就只有战争了。但我们不是 1914 年欧洲的政治家们。一旦我们澄清了问题，我们就可以着手消除它们，而不是消灭对方。我们可以将我们的分歧分离出来，找出我们的共识，将它们作为理性论证的起点，然后可以找出谁对谁错。

罗克珊娜：有的时候，大家都是错的。

莎拉：那更有理由澄清议题。当然很少有理论是完美的。我所描述的这个过程，通常制造出更好的理论，比我们最初的理论要好。所有这些理论都可以对最后的结果作贡献。

罗克珊娜：为什么期待大团圆的结局？为什么通过理性论证必定能消除所有的分歧？

莎拉：假设我们对一个问题的答案有分歧。我们首先对拥有什么证据达成共识。然后我们看证据更偏向哪个答案，然后对答案也达成共识。

罗克珊娜：有时候我们的证据并不偏向任何答案。

莎拉：那么我们的共识就是在收集更多证据的同时保持不可知论的开放态度。假如我们真的非常不幸，那就不得不永远保持不可知论。但在科学中，证据通常会累加起来偏向其中的某一个答案，而不是其他的。

罗克珊娜：然后它们就永远幸福地生活在了一起。

莎拉：这不是童话故事，这只是理想化。

鲍勃：有什么区别？

莎拉：科学家总是在做理想化的事情。在他们做计算时，物理学家总是将行星当成质点。没有这种简化模型，那数学对计算机而言也太难了。结果仍然可以是非常精确的预言。童话故事不做精确预言。

罗克珊娜： 如果双方不能就他们所拥有的证据达成共识呢？

莎拉： 那很简单。如果他们没有达成将某件事情包含在证据之内的共识，那他们的共识就是将它排除在外。我们只使用达成共识的证据。

鲍勃： 我说我感觉到穿黑衣服的女人是巫婆，你只是反对说它不是适当的证据。你没有给出任何理由，那它也自动被排除在外？

莎拉： 我没有反对将“鲍勃说他感觉到穿黑衣服的女人是巫婆”当作我们的证据。我们都听到你这么说了。但我不将“鲍勃感觉到穿黑衣服的女人是巫婆”包括在内，因为我们对你感觉到任何这类事情都没有达成共识。你只是**以为**她是巫婆。

鲍勃： 如果其他懂巫术的人也在这里，他们也会感觉到。

扎克： 你对随意排除他人的证据毫不在意，莎拉。如果别人排除**你的**证据，你会怎样想呢？

莎拉： 我的证据是科学所证实的。它不能被排除。

扎克：对人类造成全球变暖的说法持怀疑态度的人会拒绝你的有些科学证据，莎拉。他们可能会宣称科学家歪曲了数字，他们也可能直接拒绝它，而不给出任何理由。根据你的看法，那么它就得从证据中排除，因为没有对它达成共识。

罗克珊娜：很快就没有任何支持全球变暖的证据会剩下。

鲍勃：耶，今天真热，现在还不是这么热的月份啊。

扎克：怀疑论者甚至对这一点也可以怀疑，鲍勃。

莎拉：好吧，我的理想化走得太过了。他们不能只是因为不适合自己就拒绝证据。他们必须给出好的理由才能拒绝它们。

罗克珊娜：发明某种东西然后把它称为好的理由，这很容易。

莎拉：那不够。只有双方都**同意**有好的理由时，才应该把某件事情排除在证据之外。

鲍勃：我不同意会有好的理由可以排除我对那女人是巫婆的感觉。

罗克珊娜：根据她的新标准，莎拉不能把它排除在证据之外。

莎拉：哎呀，这完全失控了，不是吗？我更应该说的是，只要有好的理由拒绝它，就可以把一件事排除在证据之外，哪怕对方的某位怪人不同意。

罗克珊娜： 那么就不会对证据达成共识。

莎拉： 这个程序可能只对讲道理的人适用。我不知道对不讲道理的人应该做什么。教育，我猜。

扎克： 如果他们不想要你的教育，那你要做什么呢，莎拉？监禁他们，好让你能够对他们洗脑吗？

鲍勃： 我算讲道理的人吗？

莎拉： 对巫术而言不算。但对园艺来说你算。

罗克珊娜： 你凭什么说**讲道理的**人会对证据达成共识？

莎拉： 如果两个人不能对他们的共有证据达成一致，那至少有一方是不讲道理的。

罗克珊娜： 哪一方？

扎克： 当然还是不同意莎拉的那一方，罗克珊娜。

莎拉： 我认为你们都很不公平。我只是提供一种理想模型，来描述大家达成共识的理性过程。我已经承认过这一点。当然现实远没有这么整洁利落。但如果我们能控制这个过程，让它成为这个模型的粗略近似，那也是一种进步。

扎克：莎拉，你怎么“控制”你所谓的进步呢？你如何使人们接近你的模型，而不是远离它？难道你不需要权力来管控人群，实现对进步的监管吗？你会对那些向非法方向前进的人使用警棍。

莎拉：你这么说，就好像人类没有向我所描述的方向前进的自然倾向，理性的讨论是某种与我们非常不相容的东西。如果我们真的像那样，或许我的模型就没有希望。但我没有那么悲观。如果一群人发现他们有实际的问题需要解决，他们通常进行理性的讨论，然后对某种明智的方案达成共识。

扎克：对一些人而言，要是宗教、道德或魔法禁止他们选择你所谓的明智方案，那又该如何呢，莎拉？事情就会变得白热化，尤其是其他人又拒绝宗教、道德或魔法的观点的时候。

莎拉：如果他们得到更好的教育，他们一开始就不会有那些宗教、道德或魔法的偏见。

扎克：谁来任命你当教育部长，莎拉？

莎拉：政治家是我最不想做的事情。

扎克：那么你也不能任命其他人做教育部长，莎拉。你不能洗干净自己的权力之手，还指望得到自己想要的东西。

罗克珊娜：正如李尔王[1]曾发现的那样。

莎拉：但我有选票。可不幸的是，我只有一张选票，它不会带来多大差别。我只能希望其他人也赞同我的意见。

鲍勃：他们赞同吗？

莎拉：比我希望的要少得多，哎。

鲍勃：如果这算一种安慰，我想说教育部长不控制普通人的想法。

扎克：你为什么这么说，鲍勃？在许多国家，他们控制着哪些东西能进入学校教材。

鲍勃：我在学校有一个毛病，进入教材的东西不会进入我的头脑。即使进入了，也待不久。

莎拉：我确信你关于巫术的信念不是从学校来的。它是从哪里来的，鲍勃？

鲍勃：当我还是小孩子的时候，我奶奶经常照顾我。她总是不断地谈论巫婆。她认为她的一个邻居就是。她很有可能是对的。无论什么时候，只

---

① 李尔王（King Lear）是英国著名戏剧家莎士比亚（Shakespeare，1564—1616）四大悲剧之一的《李尔王》的主人公，他退位之后把国土分封给了大女儿和二女儿，却遭到两个女儿的驱逐。

要我不得不独自经过那个邻居的屋子，我都非常害怕。有时候我发现那个女人从窗户里看我。后来，作为十几岁的少年，我没把巫术当真。随着年龄的增大我又重新思考它。我思考得越多，它就越有道理。我也碰到过其他经历过巫术的人。有许多事情是除巫术以外就不能解释的。我的整个人生都是巫术的证据。

莎拉：多么不科学的态度！

罗克珊娜：鲍勃接受巫术理论，因为它比其他理论更好地解释了他的证据。他做的是最佳解释推理。这难道是不科学的方法吗？

莎拉：最佳解释推理当然是科学的方法，但鲍勃对它的误用真是无可救药。对他的数据而言，巫术并不是真正的最佳解释。但是，我看得出来，我永远也不能改变你的看法，鲍勃。

鲍勃：我也看得出来，**我**永远也不能改变**你**对巫婆的看法，莎拉。

莎拉：如果有证据支持它，我会非常乐于接受巫术。这是科学的态度。

鲍勃：无论我给你提供什么经验，它们都不会改变你的看法。假如我告诉你我看到过巫婆坐在扫帚上飞，你也会指责我在说谎，或记错了，或进行了错误的解释。

莎拉：对，你就是。

鲍勃：你甚至都不想问一下，我是不是**真的**看到过扫帚上的巫婆。

莎拉：你看到过吗？

鲍勃：没有，但我朋友的朋友看到过。他出了名的诚实。

莎拉：他也许是真诚的，但不是真实的。

扎克：这是你们之间的对话僵局，莎拉和鲍勃，正如我刚开始介绍自己时说的一样。你们都不能改变对方的看法。这就是你们需要一种新的态度以便和平共处的原因。

鲍勃：什么新态度？

扎克：首先，鲍勃，你们都应该承认对方从他们的观点看是对的。

莎拉：我们已经听过了。它只是说承认对方**以为**他们自己是对的。我不需要你的帮助就能意识到鲍勃以为他是对的，而他也不需要它就能意识到我以为我是对的。

扎克： 比那更多，莎拉。你们两位都应该同意，你们可以用自己的方式来弄清楚事情。

莎拉： 不！鲍勃**没有**弄清楚事情。当人们仔细检查他的想法时，就会发现它们根本**没有**正确地解释任何事情。它们没有提供正经的预言。它们只是他编造出来的东西。

鲍勃： 它们不是！我不能像科学家那样给你列出方程。我在学校时数学就不好。比我聪明得多的人在研究巫术如何起作用。更高级的巫婆知道。

扎克： 从鲍勃的观点看，巫术能弄清楚事情。从莎拉的观点看，现代科学能弄清楚事情。

莎拉： 那只是说鲍勃**以为**巫术能弄清楚事情，我以为现代科学能弄清楚事情。我们还是不需要你的帮助就能意识到这一点。

罗克珊娜： 鲍勃和莎拉有冲突是因为他们的信念不相容。如果他们只是增加了更多的信念，那采不采取扎克的建议都无所谓，因为最初的不相容仍然存在。消除它的唯一方法是让鲍勃或莎拉减少一些信念。

鲍勃： 没人能拿走我关于巫术的信念。

莎拉：我也不会放弃我的科学信念。

扎克：我没有要求你们放弃任何信念！我试图**尊重**两种观点，而不是**破坏**它们。

莎拉：我的信念并不武断。

鲍勃：只是你自己那么以为。

莎拉：当有证据证明时，我会修正它们。但我不需要扎克你的搞笑理论来改变它们。

扎克：要是没有我的"搞笑理论"，你和鲍勃要在什么框架下讨论巫术而不会开始互殴呢？

鲍勃：我从来不打女人。

莎拉：科学会使用理性的方法，而不是暴力。

扎克：在你们的案例中，我不是指**字面意义上的**互殴。排除别人的观点本身就是一种暴力，最阴险的一种。

莎拉：当你最初打断我们的论证时，我们只差三分钟就会对我们的分歧达成共识。你能够给出什么更好的结果呢？

罗克珊娜：他给了你们另外的东西和另外的人可以争论。

莎拉：谢谢你，扎克；我喜欢好的争论。我讨厌生活在没有分歧的世界。太无聊了！

鲍勃：我无所谓。

扎克：至少我提醒了你们用真和假、对和错来思考时的不宽容有什么危害。

莎拉：我所学到的是试图**不**用它们来思考时的矛盾思想有什么危害。

鲍勃：我想我从罗克珊娜那里学到的是，按逻辑的方式来使用它们只是常识，只不过要更加小心。

莎拉：我发现可错论不是像我所以为的那么直接。用可错性和知识来玩杂耍，把它们都往上抛，很难让它们长时间地停留在空中。但我们必须这么做。

鲍勃：我要为扎克说点话。他确认了我的疑虑，科学并没有像科学家所假装的那样和政治不同。知识与权力是混在一起的。但那并不是说它除了权力就没有其他东西了。

扎克：好啊，鲍勃，至少你从我所说的话中收获了**某些东西**。但你和莎拉仍然没有解决你们原来关于巫术的僵局。我提供了一条逃生通道，但你们都不肯接受。

罗克珊娜：因为它没有通向任何地方。他们不能达成共识。此外，假装不是这样没有任何意义。

莎拉：我们可以与我们的分歧快乐地相处。

鲍勃：我宁愿我们达成共识。

扎克：那你怎么解释他们的僵局，罗克珊娜？

罗克珊娜：或者巫术管用，或者不管用。因此，或者鲍勃是对的，并且莎拉是错的，或者莎拉是对的，并且鲍勃是错的。我知道谁对谁错，但不关心这一点。我对巫术的问题没有特别的兴趣。我倾听他们的争论，只是把它当成一个有教育意义的例子，它显示了没受过训练的人们之间的争论所具有的混乱本性。根据非形式论证的一般规则，他们两个都没有确立决定性的优势。

扎克：你看到了吧？这恰好是我说的，罗克珊娜。

罗克珊娜：扎克，你在论证你的观点，或试图为它辩护时，你比他们做得更差，因为你不断变换你的根据地，却不承认它。

扎克：这叫灵活，罗克珊娜。

罗克珊娜：不，这叫“糊涂”。在任何情况下，非形式论证的一般规则允许任何特定的玩家保持不败，只要他有中等的智力水平，而且一直持续不断地质疑对手的主张。这不是有趣的测试。

扎克： 那什么是有趣的测试呢，罗克珊娜？

罗克珊娜： 除了纯粹逻辑和数学之外，有趣的测试都很难裁决。它们包括这样的测试：哪种理论是证据的最佳解释？鲍勃和莎拉都试图应用这个测试，尽管都非常粗糙，而且结论也相互冲突。

扎克： 罗克珊娜，你是说这是一个平局。

罗克珊娜： 我没有。我说的是需要好的法官才能确定谁赢了。无论哪一方被宣判为胜者，都可以预见另一方会指责法官有偏袒。扎克想被双方都喜欢，所以他害怕宣布一个胜者，甚至也害怕宣布他自己是胜者。结果，任何一方都不喜欢他。任何一方都不把他当朋友。

莎拉： 我没有不喜欢你，扎克。

鲍勃： 我也没有。

扎克： 它就是平局。至少莎拉和鲍勃你们两个人都不会因为我这么说而恨我。你怎样呢，罗克珊娜？你会宣布一个结果吗？

罗克珊娜： 不。与扎克一样，我不会宣布一个胜者。但与他不同，我也不会宣布是平局。

扎克： 为什么不，罗克珊娜？

罗克珊娜：他们的表现在价值上可能是不同的。他们都没有做得很好。我没有兴趣评估哪个做得更差。这不仅是因为要比较和解释的标准是模糊混乱的，而且要解释的证据是什么也并不清楚。我更喜欢解决得到更精确定义的难题。

扎克：你不关心人们是不是喜欢**你**，对吗，罗克珊娜？

罗克珊娜：对的。如果我关心，我可能就会和你一样混淆。我甚至都不关心我是不是喜欢自己。我更喜欢采取纯粹逻辑的观点。

莎拉：尽管你有那些疯狂的反科学想法，鲍勃，我还是情不自禁地喜欢你。

鲍勃：而我也情不自禁地喜欢你，莎拉，尽管你对常规科学有着狭隘的膜拜。

扎克：这太棒了，鲍勃和莎拉。不要以为我会觉得受到冷落。我还没有说完呢。

第四幕 道德的缺陷

莎拉：你们看到那个女人了吗？穿得艳丽粉红的那位。她扇了她的小孩一耳光，非常重，只是因为他在哭。我倒是想去举报她。看！她又打了一下。

鲍勃：当我太惹我妈妈发火的时候，她也经常打我。我从没有因此受到伤害。当她生我气，对我板着脸沉默不语的时候，我倒还宁愿她打我。

扎克：时代不同了，鲍勃。

莎拉：对孩子使用暴力**太过分**了。社会福利事业应该介入。

鲍勃：代为照管她的小孩？

莎拉：如果有必要的话。

鲍勃：那跟受他妈妈照顾并且挨一下巴掌相比，要糟糕得多。

莎拉：你怎么这么容易满足，鲍勃？那个小孩在我们眼前受到了身心伤害。

鲍勃：他看起来很高兴了，在玩呢。

莎拉：你完全不懂长期效果。那个小孩的一生都可能被毁了。

鲍勃：像我一样？

莎拉：如果你妈妈没有虐待你，你可能就不需要求助于荒谬的迷信。

鲍勃：那不是虐待，只是扇耳光。

莎拉：扇耳光就是虐待，鲍勃。要是扇你耳光，能让你弄明白，我差点就这样做了。但如果我现在扇你耳光，我会因为袭击而被起诉。没有防御能力的孩子们**至少**应该得到和成人一样的法律保护，**尤其**袭击他们的人还是本来应该保护他们的人。

鲍勃：你一直在说我们必须对任何事情都坚持科学态度。那么，关于扇耳光的想法，你的科学证据是什么呢？

莎拉：我确信有许多统计证据可以表明，打小孩具有长期的破坏性后果。

鲍勃：你是说你不知道，你只是确信有。再说，父母有权按照他们认为适合的方式来养小孩。他们最知道他们的小孩需要什么。

莎拉：不一定。那个女人显然就不知道。有些父母**杀掉了**自己的小孩。那是最懂他们需要什么吗？

鲍勃：杀掉小孩不是养小孩。总之，我不是在说**发疯的**父母。我说的是**正常的**父母。车厢那头的女人没有疯，只是对一直照顾乳臭未干的小孩有点厌烦。正常的父母有权以他们认为合适的方式养自己的小孩。

莎拉：即使他们的方式被科学证明对小孩有害？

鲍勃：决定如何照顾小孩不是科学家的权利，是他**妈妈的**权利。她是否要按科学的建议来养小孩由她做主。有时候扇一顿老式的耳光正是小孩所需要的。

莎拉：我相信她根本就不知道科学的建议是什么。

鲍勃：好，那去告诉她，要是你这么激动的话。

莎拉：我正要这么做。总得有人采取行动。

扎克：你确定那是聪明之举吗，莎拉？……太晚了。

鲍勃：我以为她不会把我说的当真。她说到做到，莎拉是行动派女人。她走向那个女人了。太吵了，我听不清她们在说什么。你能听清吗，扎克？

扎克：不，我也不能。鲍勃，或许你应该更加小心的，免得激怒莎拉。

鲍勃：我知道，她对每件事情都太当真了。我没有看清都发生了什么。……啊，她回来了。她说什么了，莎拉？

莎拉：我只能重复她一半的话。多数都是脏话我不愿意重复。

鲍勃：他儿子说什么了吗？

莎拉：他又开始哭了。然后她威胁说要报警抓**我**，因为我让他心烦了——我只能说这么多。没有必要继续。

鲍勃：根本就没必要开始。

莎拉：整个事件只是证实了我的怀疑。这个小孩应该被送进福利院。

鲍勃：那是科学告诉你的吗，还是因为她骂你，你想报复她？

莎拉：你是对的，我必须小心，以免丧失客观性。但在我走过去和她谈话之前，我就反对她打他。

鲍勃：无论法律说什么，她都有打他的道德权利。你的科学并不能证明不是这样。

莎拉：它可以证明父母的暴力对小孩的健康和幸福会带来长期的破坏性影响。

鲍勃：我在谈论母亲的权利。她有权在养自己的小孩时，使用她自己的判断。

莎拉：当她自己的判断这么无知和愚蠢时，她就没有权利。

鲍勃：她有权利打他！

莎拉：你错了，她没有权利！

扎克：鲍勃和莎拉，这就是我之前插话的地方。你们又陷入了僵局。

罗克珊娜：莎拉的科学里面是怎样描述道德权利的？

莎拉："道德权利"不是科学术语。你不能测量道德权利。但你可以测量健康，甚至幸福。对它们进行谈论要更加科学化。

鲍勃：不要改变主题。我谈论的是一个母亲的道德权利。

莎拉：那种情绪语言没什么用。要在讨论小孩的喂养方面取得进步，我们需要从更有事实性的词汇出发。

鲍勃：母亲有扇他小孩耳光的道德权利，这就是一个事实。

莎拉：道德权利不是事实，它们是观点。事实是那种可以科学测量的东西。

罗克珊娜： 在科学家完成了所有的测量之后，他们如何决定应该做什么？

莎拉： 他们推荐能够使健康和幸福的概率最大化的选项。

罗克珊娜： 他们假设了我们应该使健康和幸福的概率最大化的道德理论吗？

莎拉： 有什么别的选择吗？

罗克珊娜： 有无穷多。

扎克： 莎拉，除了健康和幸福之外，一个道德理论还可能会说你应该让其他东西最大化。有些人会说你应该让总快乐和总痛苦之差最大化。

莎拉： 难道它们的结果不是一回事吗？

扎克： 不是的，莎拉。你可以这样来让总快乐和总痛苦之差最大化，让每个人都吃一种药，那会让他们体会到十秒钟的极致快乐，然后他们就死了——就像性爱，只不过程度更高。那种药并不是有益于健康的物品。

莎拉： 有那样的后遗症当然不是。我甚至都不认为这是我所说的幸福。我想的是某种更长期的东西。

鲍勃： 我对如何让某个东西最大化一无所知。但那与妈妈有权按自己认为合适的方式养孩子有什么关系呢？

罗克珊娜： 莎拉的科学家对道德理论的选择没有任何科学性。

莎拉： 我没有想清楚。选择一种道德理论就是做出价值判断，而科学不做任何价值判断。道德选择说到底也只是个人的偏好。

罗克珊娜： 就像选择你的卧室墙的颜色？

莎拉： 不，我的道德观要比我的卧室墙的颜色影响更多的人。

鲍勃： 我可以选择我自己的道德观吗？它也是我的偏好。

莎拉： 你选择你的道德观，我选择我的。但我的道德观告诉我要阻止你的道德观的某些后果，不让父母打他们的小孩。

鲍勃： 你的道德观试图打败我的道德观，但你不会说你是对的，而我是错的？

莎拉： 相对于你的偏好，你的道德观是对的。相对于我的偏好，我的道德观是对的。没有任何道德观绝对为真或绝对为假。

扎克：所以你终究还是一个相对主义者，莎拉。我就知道你最终会弄明白的。

罗克珊娜：是感染上了疾病，不是弄明白了。

莎拉：我不是扎克（而且我和他一样都不喜欢你的比喻）。我在科学上不是相对主义者。有些科学理论是绝对真的，而其他是绝对假的。根据科学的方法，我们发现哪个真哪个假。但那种方法不适用于道德价值。你不能观察或测量它们。它们是被发明出来的质，而不是被发现的量。这就是为什么我只在道德上是一个相对主义者，道德相对主义者。

鲍勃：你的想法变得太快，我完全跟不上，莎拉。据我所知，你和罗克珊娜都认为扎克的相对主义充满漏洞。你的新道德相对主义难道不会有同样的漏洞吗？

莎拉：你的问题很合理。但有一个关键的区别。扎克试图成为**一切事物的**相对主义者。那就是我们永远不能把他固定住的原因。

扎克：我可不是一只死蝴蝶，莎拉。

罗克珊娜：是一只活着的蝴蝶，还有蝴蝶的思想。

莎拉：不管扎克说什么，他都接着把自己的观点相对化。他甚至对他自己的相对主义也不得不是一个相对主义者。这就是他陷入麻烦的原因。

扎克：我没有陷入麻烦，莎拉。

罗克珊娜：那正是陷入麻烦的地方。

莎拉：我的道德相对主义只涉及道德信念，关于我们应该做什么的信念。道德相对主义本身没有告诉你应该做什么，因此我不需要对它也是相对主义者。道德相对主义绝对为真，而不是只对我为真。无论其他人怎么想，它都为真。它有足够的限制，因此可以辩护，这与扎克的不同。

扎克：“限制”正是我想说的词。

罗克珊娜：在莎拉改变主意后，她仍然认为应该做的事情就是让健康和幸福最大化吗？

莎拉：当然。在这次谈话中我没有改变我的道德观。我仍然谴责扇小孩耳光。我只是不得不提醒自己，道德与科学有多么不同。

罗克珊娜：但你仍然认为健康和幸福可以科学测量？

莎拉：在原则上，绝对可以。

罗克珊娜：因此你的道德理论所说的我们应该最大化的量是可以科学测量的。

莎拉：是的，那是所有类似的道德理论的一个优势。

罗克珊娜：那你为何否认道德的质可以测量？

莎拉：噢，我明白你的意思了。但测量是相对于我的道德理论的。

罗克珊娜：你是说那些应该被最大化的东西的测量精度取决于你的理论？

莎拉：我认为是。

罗克珊娜：所有的科学都是这样。当你用普通的温度计来测量温度时，其精确性取决于有关水银特性的理论。你接受有关水银的理论，因此你认可温度可以通过温度计来测量。

莎拉：就我本人而言，我的确认为一个人可以衡量应该做什么。但那只是相对于我的观点。

扎克：加油，莎拉！

莎拉：没有你的支持，我会更加自信。

罗克珊娜：之前，你把你的道德相对主义建立在道德的质的不可测量性上。现在你说它们可以测量，但你仍然坚持你的道德相对主义。

莎拉：我没有表述好。区别在于我们可以对科学问题的答案达成共识，而不能对道德问题的答案达成共识。你之前也看到了，鲍勃和我之间关于打小孩的道德性的僵局。

扎克：莎拉，我也看见了你和鲍勃之间关于是什么原因导致他的围墙倒塌的僵局。在你看来，那是一个科学问题，不是道德问题。

莎拉：那时鲍勃关于巫术的观点是不讲道理的。

罗克珊娜：但这次他关于打小孩的观点就是讲道理的了？

莎拉：不，他完全不讲道理！从我的观点看。从**他的**观点看，他关于打小孩是完全讲道理的。

鲍勃：非常正确。

罗克珊娜：从鲍勃的观点看，他关于巫术也是完全讲道理的。

鲍勃：也非常正确。

莎拉：从你的观点看，我也觉得是这样。但在巫术的案例中，你的观点是完全错误的。而在打小孩的案例中，那只是意见不同。

罗克珊娜：你只是假设了这个区别，而没有做出论证。

莎拉：看吧，即使很难做到完全精确，但对所有人来说这不是很明显吗，科学陈述可以用某种方式来测试，而道德陈述不能？

扎克： 对我而言可不那么明显，莎拉。所有的测试都依赖于某种观点。

莎拉： 好吧，**对我而言**区别是明显的，扎克。因此，我将科学陈述描述为真或假，而不把道德陈述描述为真或假。

罗克珊娜： 但是你仍然**做出**道德陈述？你仍然说打小孩是错的？

莎拉： 是的，打小孩**是**错的。

罗克珊娜： 但是，根据你几秒之前的说法，你不会将道德陈述说成是真的？

莎拉： 是的。打小孩是错的，但这不是**真的**。

鲍勃： 拿定主意吧，莎拉。你可不要先说某件事情，然后又说你刚刚说的不是真的。

罗克珊娜： 莎拉又违反了关于真的初等逻辑。

莎拉： 好，打小孩是错的，这是真的。从我的观点看，而不是从鲍勃的观点看，就是这样。

鲍勃： 现在你像扎克一样圆滑了。

扎克： 圆滑比头脑简单要好，鲍勃。

鲍勃：莎拉，要是你认为某件事情是真的，难道你不能直接说它是真的，而要像狡猾的律师那样增加限定吗？

莎拉：好的，鲍勃，如果你坚持。打小孩是不对的，这是真的。

罗克珊娜：莎拉最终还是将道德陈述说成是真的或假的。

莎拉：这种关于道德的相对主义并不比扎克关于一切事情的相对主义做得更好。只是把它限制在道德领域并没有堵住所有漏洞。

扎克：莎拉，或许从道德这种大东西出发是不明智的。或许从小东西开始逐步发展会更好。

莎拉：你想怎么做？

扎克：选择某件不那么重要的事情，比如礼貌，莎拉。

鲍勃：我从小就被教育说保持良好的举止非常重要。但我必须承认，当我还是小孩子的时候，我经常很冒失。

扎克：但礼貌不是生死攸关的事情，与道德不同，对吗，鲍勃？

鲍勃：它们也可能关乎生死。现在也有人因为对黑帮头目表现出不尊重就被枪杀在街头。

莎拉： 但那是异乎寻常的反应。它支持了扎克的观点：违反道德规则的谋杀要比违反礼仪规则的失礼糟糕得多。

扎克： 谢谢你，莎拉。我们拿打饱嗝举个例子。在某些国家，在饭后打饱嗝是有礼貌的。而在这里，那很无礼。谁会认为他们的规则绝对比我们的好，或绝对更差呢？

罗克珊娜： 我哥哥以前经常在饭后打嗝。这在文化上是可以接受的，但我觉得很恶心。

鲍勃： 我表弟认为在饭后不打嗝才是又呆板又浮夸。

扎克： 这些反应相互抵消了，好吗，各位？文化是复杂的，但为了论证的方便，我们假装它很简单：有打嗝的文化和不打嗝的文化。对不打嗝的文化而言，饭后打嗝是无礼的，但对打嗝的文化而言是有礼貌的。它不是**绝对地**无礼或有礼。对这样的例子而言，我们都是相对主义者。我们可以用它作样板，去找出在道德这样更加困难的例子中，怎么做相对主义者。

罗克珊娜： 重要的是谁在打嗝，在什么情形中打嗝。

莎拉： 当然。如果我在这个国家的这列火车上饭后打嗝，那是无礼的。如果罗克珊娜的哥哥在他的国家的家里饭后打嗝，那是礼貌的。他在这列火车上打嗝，或我在他家里打嗝怎样，我可不能确定。

罗克珊娜： 那他会笑。不管他吧。莎拉没有把打嗝是不是礼貌与谁来描述它相关联。她让它依赖于打嗝的人和打嗝的环境。

扎克： 这有什么区别，罗克珊娜？

莎拉： **要是**我认为罗克珊娜的哥哥在他自己的家里打嗝也是无礼的，我就错了，因为忽略了他的文化。**他**在**他的**家里打嗝，不是说相对于他的文化是礼貌的，相对于我的文化就无礼了。它们都是礼貌的。是他的文化在起决定作用，因为打嗝发生在其中。

鲍勃： 厄尔……嗝。

莎拉： 鲍勃，你来真的吗！

鲍勃： 抱歉，我情不自禁要给你们一个讨论的例子。

莎拉： 谢谢。要是罗克珊娜的哥哥在这里，他可能会认为鲍勃的打嗝是有礼貌的。

罗克珊娜： 他会。

莎拉：但他就错了，因为忽略了我们的文化。

罗克珊娜：是轻视这里的文化。

莎拉：总之，鲍勃打嗝并不是对你哥哥的文化有礼貌，而对我或者鲍勃无礼。它们就是无礼的。我们的文化在起作用，因为它们发生在这里。

罗克珊娜：相对主义没有提供一种文化敏感的打嗝分类。

扎克：暂时先不考虑个人的打嗝，罗克珊娜，我们在关于“打嗝很无礼”或“打嗝有礼貌”的概括方面仍然是相对主义者。

莎拉：不，两个概括都是错的。罗克珊娜的哥哥打嗝是“打嗝很无礼”的反例。鲍勃打嗝是“打嗝有礼貌”的反例。

扎克：莎拉，你试图把说这些事情的人解释为在对所有文化做概括。或许他们只想谈论自己的文化。所以，如果你说“打嗝很无礼”，而罗克珊娜的哥哥说“打嗝有礼貌”，你们说的就各自的文化来说都是真的。

罗克珊娜：那不是相对主义。那只是常见的现象，一个句子表达的东西依赖于说出它的语境。从效果上看，莎拉说的是“打嗝在我的文化中很无礼”，而我的哥哥说的是“打嗝在我的文化中有礼貌”。他们的陈述是一致的，这与莎拉说“我是女人”，而我哥哥说“我不是女人”一样。一旦做出了澄清，那对两个文化而言都很清楚的是，莎拉和我哥哥说的都是真的。

莎拉： 这就好比合法性。打小孩在有些国家是合法的，而在另一些国家不合法。打小孩是不是合法取决于在哪里打。你不能在自己的管辖区之外说打人合法或不合法。从某种观点上说，相对性在这种事情上根本就无法插足。

罗克珊娜： 扎克将礼貌误判成了相对主义的简单案例。

莎拉： 道德是不同的。每种文化都确定了在其中某些行为是有礼貌的还是无礼的，但没有确定在其中哪些行为在道德上是对的。即使另一个社会的人都认为奴隶制是对的——哪怕奴隶们自己也这么认为——那也没有解决我们的问题。我们仍然谴责**他们的**奴隶制是错的。

罗克珊娜： 莎拉仍然是关于谴责的相对主义者吗？

莎拉： 是的。我看不到可以做其他选择的科学基础。不过，我得承认，我也不明白道德相对主义如何具体起作用。

罗克珊娜：你会支持用外部干预来解放奴隶吗？

莎拉：是的，奴隶制是不可宽容的。

罗克珊娜：如果你不得不向奴隶主证明干预的正当性，你会说什么？

莎拉：我会谈论奴隶所遭受的苦难，并试图让奴隶主从他们的观点看事情。

罗克珊娜：奴隶主听说你是道德相对主义者。他们问你，你对奴隶制的谴责是否绝对地比他们对奴隶制的辩护更好，你怎么回答？

莎拉：直接承认是相对主义者在政治上可能不是聪明的做法，我知道。但我也不想欺骗他们。如果我不能说服他们自愿放弃奴隶制，我想如果我有更强的军事力量，我只能干预。我要告诉他们，我之所以进行军事干预，是因为他们不明事理。

扎克：莎拉，如果你的观点并不绝对地优于他们的观点，即使他们采纳了你的"明白事理"之后又如何呢？

莎拉：我只会告诉他们我有能力解放奴隶，而且准备使用它。

鲍勃：暴力？

扎克：如果力量的天平反过来，莎拉，他们可能也只会告诉你，他们有能力使你成为奴隶，而且也准备使用它。

莎拉：或许我对奴隶主说**什么**并不重要。可能我说的任何东西都不能改变他们的观点。奴隶们不应该在枷锁中苦苦等待，等待我能找到一个可以说服奴隶主摒弃他们种种偏见的论证这样的奇迹发生。

罗克珊娜：即使你不能以说服奴隶主的方式来证明你干预的正当性，你可能也想以能够说服**自己**的方式来证明其正当性。

莎拉：对。为了让军事行动看起来正当合法，我需要思考解放奴隶比什么都不做更好——绝对地更好，而不只是从我的观点看更好。但那不是道德相对主义者会说的话，对吧？

扎克：好吧，既然你们都对礼貌问题大惊小怪，那我们试着用另一个简单的小例子，来看看相对主义如何起效。就拿**有趣**和**无聊**的区别来说吧。

这对我们真的很重要。我们想花时间来做些有趣的事情，而不是无聊的事情。我们想遇见一些有趣的人（像你们三个），而不是无聊的人。但什么事情无聊是相对于你是谁来说的。罗克珊娜，尽管你所说的东西确实让我觉得有趣，但它会让许多人觉得无聊。

罗克珊娜：根据你的尼采的看法，只有当真理让人觉得无聊，而非让人感到危险时，它的捍卫者才寥寥无几。与有趣的谬误相比，我更喜欢无聊的真理。

莎拉：不干预比干预更无聊，我可不能以这样的理由来证明军事干预的合理性。

扎克：我知道，莎拉，我知道。我现在将道德的所有复杂性都放到一边，以便从更简单的例子开始。我的要点在于，如果某件事情让我觉得有趣，我可以说“它很有趣”。如果它让其他人觉得无聊，他们可以说“它很无聊”。它对我而言很有趣，对他们而言很无聊。就是这样。问它是否**绝对地**有趣或无聊是没有意义的。

罗克珊娜：如果某件事情让一个人觉得无聊，而他称它“无聊”，他有可能弄错吗？

扎克：那怎么可能，罗克珊娜？无聊就是让他觉得无聊的任何东西。

罗克珊娜：即使是因为他注意力不够集中而觉得无聊的时候也是这样吗？

扎克：**对他而言**仍然是无聊，罗克珊娜。如果我注意力更集中，因此它不让我觉得无聊，那么它**对我而言**就不无聊。

莎拉：想象你在写一本书，扎克，书里充满了有趣的东西。

扎克：我喜欢这个例子，莎拉。

莎拉：我想你也会，扎克，至少喜欢前面这部分，但它马上就变味了。报社找了一位记者来评论你的书。不幸的是，他是一个懒惰的家伙，觉得无聊的阈值很低。他稍微浏览了一下你的书，停留于表面而没能深入进去。然后他在评论中写道“扎克的书很无聊”。难道他的陈述不是假的吗？

扎克：我不会说**假**，莎拉，只能说它是误导性的。如果他这样说会更加诚实和坦率，“扎克的书让我觉得无聊，但它可能使其他人觉得有趣”。

罗克珊娜： 关于什么让谁觉得无聊的陈述是无关的，因为它们没有提出相对主义的问题。你的书**的确**让记者觉得无聊；任何不这么认为的人都只是弄错了。说这本书有趣或无聊，而不指明**对谁而言**，这才提出了相对主义的问题。

莎拉： 书评的目的当然不只是表达评论人对书的独特反应。它也要告诉潜在的读者这本书怎样，好让他们可以做出知情选择，是不是要花钱来买书。它是否让评论者觉得无聊之所以重要，主要是因为这会成为它是否让评论的读者也觉得无聊的证据。在评论中，“无聊”或“有趣”的措辞应该是指让评论的读者觉得无聊或有趣的东西，而不是让评论者自己觉得无聊或有趣的东西。

扎克： 说得好，莎拉。当这些词被说出时，听众的反应和说话者的反应同样重要。但我仍然坚持我的观点，因为听众，即使是潜在的听众，也会有不同反应。关于会计工作的讲座或许让会计人员觉得有趣，而让足球迷觉得无聊。

鲍勃： 我在看足球比赛时碰到过一些会计。

扎克： 是的，鲍勃，但许多足球迷都不是会计。我说的是总体趋势。考虑那些不是足球迷的会计，和那些不是会计的足球迷。会计一致认为讲座很有趣，而足球迷却一致认为它很无聊。在某种意义上说，双方不能达成共识，尽管双方都没有错。这就是相对主义介入的地方。

莎拉：在我听来，这不是真正的分歧。会计的意思只是“这场讲座**对会计而言**很有趣”。而足球迷的意思只是“它**对足球迷而言**很无聊”。这没有任何分歧。

扎克：他们可能没有意识到这种限定的需要，莎拉。

莎拉：好吧，如果会计的意思是“这场讲座**对每个人而言**都很有趣”，他们就说错了。而如果足球迷的意思是“它对每个人而言都很无聊”，他们也说错了。那两方都是错的。

鲍勃：如果这些会计像我碰到的那些一样，他们会认为每个人都**应该**觉得这场讲座有趣。他们会指责其他足球迷觉得无聊是因为他们愚蠢无知。而如果他们像我碰到的某些足球迷，他们会认为每个人都应该觉得讲座很无聊。他们会指责会计有那样的兴趣是因为单调乏味的人格。

罗克珊娜：有趣不是实际上有趣的东西，而是**应该**有趣的东西。而无聊也不是实际无聊的东西，而是**应该**无聊的东西。

莎拉：如果那是双方的意思，他们就对每个人应该对这场讲座如何反应有分歧。我仍然说两方都错了。会计错了，因为足球迷没有觉得讲座有趣的义务。而足球迷也错了，因为会计也没有觉得它无聊的义务。

罗克珊娜：莎拉关于义务的相对主义去哪里了？

莎拉：像扎克一样，我暂时把它放到一边。

罗克珊娜：我很欣慰。

鲍勃：每个人都应该对巫术感兴趣。要不然就太危险了。

莎拉：不，科学才值得每个人都感兴趣，而不是巫术。即使科学让我们全世界的所有人都觉得无聊，那也只是表明他们的头脑多么缺乏好奇心。科学仍然很有趣，尽管没有人认识到这个事实。

扎克：本身有趣，但却不会让我们现实生活中的任何人对它提起兴趣，这是什么想法，莎拉？总之，如果我们把“有趣”和“无聊”当成价值词汇，它们就会太过复杂，不再适于充当我现在打算讨论的相对主义模型。让我们简单一点，把有趣看成有趣的东西，把无聊看成无聊的东西。

莎拉：让**谁**觉得有趣或无聊？

扎克：那取决于这个词所使用的语境，莎拉。

莎拉：那么在会计语境中，“有趣”和“无聊”的意思是让会计觉得有趣或无聊。而在足球语境中，它们的意思是让足球迷觉得有趣或无聊？

扎克：就让我们从这里开始讨论，莎拉。

莎拉：我们之前就已经讨论到这里了。如果讲座在会计语境中被称作“有趣”，而在足球语境中被称作“无聊”，并没有任何错误，但也没有任何分歧。只是口头上的不一致。

扎克：要是在**共同的**语境中，会计说它“有趣”，而足球迷说它“无聊”，又怎样呢，莎拉？

莎拉：那我们就讨论你所说的共同语境，在这个共同语境中有一个参照类，参照类里所有人的反应都算数——可能是所有的会计加所有的足球迷，也可能只是那些既是会计又是足球迷的人，怎样都行。

扎克： 好的，莎拉。

莎拉： 所以，除非讲座会让参照类中的人们都觉得有趣，不然会计就是错的；要是讲座不能让参照类中的人们都觉得无聊，那么足球迷就错了。但不能两者都对。所以要么会计是错的，要么足球迷是错的。总有人是错的。

扎克： 但是谁呢，莎拉？

莎拉： 是谁真的不重要，扎克。不管是谁犯错，它都不是你想要的没有犯错的分歧。在现实生活中，我们可以抽样调查观众的反应，来找出谁是错的。要是反应过于混杂，也许两方都是错的。你试图为相对主义找一个简单的工作模型，却进展得很不顺利，不是吗？

罗克珊娜： 扎克的起点不断被打破。

扎克： 罗克珊娜，我发现我玩你的这个游戏玩得太入迷了。我试图让它简单明了。但教训就是它**从来不会**简单明了。它总是晦涩难懂。在追求相对主义的过程中我们已经承认这一点，尽管它总是在回避简单明了的陈述。那就是它适于生活的标志。简单明了的想法就是陷阱。

莎拉：任何糊涂话都可以这样辩护。这是绝望的宣告。科学表明了简单的规律如何能够解释复杂的现象。我们有可能永远也达不到完全的简单明了，但那并不意味着我们不应该努力去逼近。

扎克：你仍然假定我们走得越近越好，是吧，莎拉。我现在来挑战你的这个说法。我们有时候是通过变得**更**晦涩和**更**难懂才得到更加深刻的理解。

罗克珊娜：那些喜欢晦涩难懂的人总是能自我说服，以为自己理解得更加深刻。

莎拉：科学认识到世界上充满了晦涩难懂的东西。它尊重它们，但作为识别和解释其潜在模式的第一步，它坚持仔细地观察和精确地描述。与晦涩难懂的讨论方式相比，这对它们而言要更加公正。这些可是**你**选的例子，扎克。你不能因为简单明了的理解方式避免了相对主义就拒绝它们。

扎克：那你又怎样呢，莎拉？你现在的论点又是从哪里来的呢？之前，你将道德问题相对化，因为它们不能由科学确定。现在，你谈起相对主义，就好像它是过街老鼠。

莎拉： 老实说，我也不确定。现在，即使局部的相对主义在我看来也不是很有前途，而其他东西也一样。当我思考科学时，作为对现实的描述，我不能将道德谈论当真。但当我思考那个女人打她的小孩时，我又不能避免它。至少我不把我的困惑假装成是对问题的解答。

扎克： 莎拉，你的“困惑”也许不是你以为的“解答”，但那是你能够与问题相处的方式。为什么不把它当作**对现实的描述**，就不能认真对待道德话语呢？它本来就不是那个意思。它的意思是一种**改变**现实的方式。如果只是说而没有实际行动，道德有什么用？“打小孩不对”的意思是去**阻止**人们打小孩。

莎拉： 这对我而言还不够好。要是我不认为我是对的，那个妈妈是错的，我就不会觉得自己有权利走过去阻止她。

鲍勃： 做过就很好了。

莎拉： 至少我尝试过。

扎克： 你之前难道不是坚持认为相对主义并不蕴含宽容吗，莎拉？

莎拉： 我不是说某种混乱的哲学理论会或不会蕴含什么东

西。我干预是因为我以为我知道她打他是错的，就像我以为我知道她打了他。如果我以为我知道的实际上是错觉，那就消除了我行动的理由。

扎克：那么你现在既想要道德真理，又想要道德知识吗，莎拉？

莎拉：是的，我被拉向两边。我不知道人们怎样才可能知道对错。但如果“打小孩是错的”只是一个阻止打小孩的命令，那它有什么权威？为什么任何人都必须遵守？

扎克：你是下命令的人，莎拉。

莎拉：是的，但是，当我是那个下命令的人时，说我只是在遵守命令并不会突然成为一个更好的借口。

扎克：莎拉，告诉某人不要打她的儿子，与集中营里的守卫的行为，完全无法相提并论。

莎拉：当然不能。通常我会说我们非常清楚道德差别。可一旦我开始怀疑我们是否具有道德知识，我就感到迷茫。我们没有任何充足的理由违背他人意愿并干预他们的生活。

罗克珊娜：你为什么认为道德知识很难得到？

莎拉：想想看吧。知道有扇耳光这件事与知道它是错的是如此不同的两件事。扇耳光是物理事件。通过正常的视觉过程，它导致了我大脑中的各种效果。这就意味着我看见它，而且也知道它发生了。扇耳光的错误性不是物理事件。我不能看见它，也不能通过其他感官感受到它，那我怎么知道扇耳光**是**错的呢？

罗克珊娜：即使要知道扇耳光发生了，你也必须在看见的同时，能够识别出那是扇耳光。

莎拉：当然。在我看见一个事件时，我是可以将它归类为扇耳光或不是扇耳光的。只要有好的光照条件，我绝对值得信赖。

罗克珊娜：那么你看见一个事件，然后将其归类为某种恶行。光照也很好。难道你会认不出它是种恶行？

莎拉：嗯，我倒是希望，我能够在看到某种恶行时就能识别出那是恶行。但我不知道我如何**才能**发展出这种能力。

罗克珊娜：扇耳光和恶行之间的哪些区别在你看来是相关的？

莎拉：扇耳光看起来和听起来都很相似。但恶行却不同。

鲍勃：我看见过也听到过很多扇耳光。它们的差别很大：扇多重，或扇的哪里，谁扇的，谁挨扇。

扎克：同样是扇耳光，从不同的观点看也是不一样的，莎拉。

莎拉：它们之间仍然有一般的物理相似性。而恶行没有。生理的和心理的虐待看起来和听起来都完全不同。

罗克珊娜：不用依赖于一般的物理相似性，你就可以归类事件。你会下国际象棋吗？

莎拉：有时下。为什么这么问？

罗克珊娜：当你看到将军情形时，你可以分辨出来。所有情形的将军都有一般的物理相似性吗？

莎拉：不是。一种将军的情形通常更像不是将军的情形，而不是更像另一种将军的情形。布局和棋子数量会有变化，甚至棋子本身也会不同。我看到过一副棋子，它们都是卡通人物。你是对的，我们可以在知觉中识别出更抽象的模式。但那显然还不足以让我们在看到事件时就识别出恶行。一个事件是不是恶行要比一盘棋是不是将军依赖于更多的背景因素。有些人犯了重婚罪，但看起来就和他们具有合法婚姻一样。

扎克：成年人之间自愿发生的重婚有什么错呢，莎拉？

莎拉：人们对他们的自愿通常都不知情。总之，我想听听罗克珊娜对我的观点会说什么。

罗克珊娜：我会使用一个更接近的例子。你可以把事件区分为两类，所谓的恶行或者非恶行。“所谓的恶行”，我是指**你会称作**恶行的事件，不论它是否真的是恶行。

莎拉：当然。我以我对它们的反应的相似性来归类。我在道德上对其是不赞同，还是赞同。

罗克珊娜：毫无疑问。

莎拉：但这里的问题在于，我在道德上不赞同或赞同的感觉是不是有根据！

罗克珊娜：稍后会谈到这个问题。现在，我不假设你的感觉是有根据的。我只是允许你拥有它们。我的观点应该是没有争议的。你对所谓的恶行和其他事件反应不同。你称它们为恶行就是一个不同之处。所谓的恶行已经在你大脑的输入信息中形成一种高度抽象的模式，这与扇耳光形成对比。**你称作**“生理虐待”和**你称作**“心理虐待”的情形看起来和听起来都非常不同。你能够认识到所谓的恶行。所以，说恶行形成了太抽象的模式，以至于你不能识别，这是愚蠢的。

莎拉： 但恶行与所谓的恶行并不相同。我有时会做出错误的归类。当我获得错误的背景信息时，我可能会将重婚误认为是合法的婚姻，或者将合法的婚姻误认为是重婚。有些所谓的恶行不是恶行，而有些恶行也不是所谓的恶行。

罗克珊娜： 当然。我从来没有说过不是这样。你必须听得更仔细点。我的对比中的要点只是这个：恶行和所谓的恶行的形成模式，在大脑的输入信息中处于相似的抽象层次。既然你的大脑对所谓的恶行的形成模式很敏感，不要对我说恶行的形成模式对你的大脑来说就太抽象了。

莎拉： 我保证不会那样说。

罗克珊娜： 那还不错。

莎拉： 但我仍然担心可靠性。在**我称作**恶行的行为和**真的是**恶行的行为之间，如何一开始就建立一种哪怕是半可靠的关联？

鲍勃： 你妈妈和爸爸没有教过你怎么区分对错吗？

莎拉： 他们当然尝试过，但我的道德观和他们的并不完全一样。再说，**他们**又是怎么知道的呢？要是每一代都把责任推给上一代，那最初是怎么开始的呢？

鲍勃： 我以为你会说它是如何**进化**的。

莎拉： 如果我们有道德，那肯定是通过进化而来的。但为什么进化会偏向道德？进化不关心对错，它只关心生存和繁殖的适应性。

鲍勃： 进化真的关心任何事情吗？

莎拉： 严格说来，当然没有。但区分对错的能力是怎样提高我们的进化适应性的呢？

鲍勃： 帮助我们一起生活？要是我们不断地相互杀戮，我们就不会存活。有多少动物会杀死同类呢？你肯定认为那是进化。提醒你一下，人类比大多数动物都做得差。

莎拉： 我明白对谋杀的禁令是如何进化出来的。但它之所以进化是因为谋杀倾向对物种的存活不利，而非谋杀是错的。或许谋杀实际上是**对的**，但我们进化为认为它们是错的，就不去那么做。就我们所知，我们称作“恶行”的事情也可能根本就不是恶行。我们可能因为进化而对恶行做了误判。

罗克珊娜：你也会说，就我们所知，我们称作“扇耳光”的事情也可能根本就不是扇耳光？难道我们不可能因为进化而对扇耳光做了误判吗？

莎拉：不，那会是荒谬的。

罗克珊娜：有什么区别？

莎拉：我不是普遍的怀疑论者。我只是担心道德性质，比如对和错，好和坏。

罗克珊娜：它们为什么这么特别？

扎克：罗克珊娜，莎拉，醒醒吧！不同的社会，不同的个人和不同的时代之间，存在不可调和的道德差别，这表明世界上根本就没有道德性质等待我们去鉴别，就像植物学家鉴别植物那样。

莎拉：在科学上也有不可调和的差别。鲍勃永远不会放弃他对巫术的信仰。

鲍勃：你也永远不会放弃你对巫术的不信。

莎拉：关于巫术的真理是可知的。科学家和宗教原教旨主义者关于进化论的不可调和的分歧也不会阻止科学家从进化的故事中获得真理。关于道德的某些独特事情诱使我对它产生了怀疑。我不确定我能解释得多好。我们用“对”和“错”

这样的词语来反映我们的环境模式，就像我们使用“掌掴”、“将军”和各种其他的词语一样。但“对”和“错”很特殊，是因为我们也用它们来指导行动。当称一个行动为“对”时，就为它亮绿灯：通行。当称一个行动为“错”时，则为它亮红灯：停止。

扎克：那是我之前说过的，莎拉。道德话语指导行动。它不描述世界。

莎拉：不，它两件事情都做。那就是麻烦之所在。称一个行动为“对”或“错”有混淆因果的风险。

鲍勃：你在说什么，莎拉？

莎拉：我会尝试给一个例子。有些人认为对女人进行教育是错的。对女人进行教育是真实存在的行为。他们在看到这个行为时就能够识别出它。

鲍勃：任何人都可以看出学生是男还是女。

莎拉：但当我所说的这些人看到女人在接受教育时，那会让他们说“那是错的”。然后他们的判断就有了一个结果，人们会试图阻止那种教育，因为它被亮了红灯。因此他们的判断存在原因和结果的不匹配，因为不应该阻止教育女人。他们应用道德词汇的方式建立了这种不恰当的因果联系。在我们的道德判断中，这种原因和结果的完全不匹配也一样多，我的问题是，我不知道有什么办法能够阻止它们。

罗克珊娜： 那不只是道德话语的问题。它可以推广到任何关于要做什么的话语中。

莎拉： 你是什么意思？

罗克珊娜： 在解决任何实际问题时，即使没有产生任何道德问题，人们都会讨论要做什么。在他们对要做什么的判断中，原因和结果之间仍然可能有不恰当的联系。

莎拉： 当工程师修筑桥梁时，去怀疑他们对要做什么的判断，这是很傻的，不是吗？

罗克珊娜： 你怎么阻止你的怀疑论扩散到这些情形？

莎拉： 让我想想。……或许区别是这样的。工程师的谈论是有附带条件的，说的是**如果你想要桥不垮**需要做什么。那是手段与目的的问题。道德禁令不一样。它们没有附带条件，也不是手段和目的的问题。那个女人打她儿子是错的，**哪怕**她就是想伤害他。实际上，想伤害他使这个行为更糟。

鲍勃：莎拉，很有可能我没理解对，但如果我的理解是对的，你怎么能够在思考日常的实际问题和思考对错之间做出如此整齐的分隔呢？如果我只是在那儿想“要是我想玫瑰盛开我就必须修剪它们”，这并不会给我带来什么好处。即使我已经决定丢掉它们，我也可以**那么**想。我只有这样想“我必须修剪那些玫瑰”，句号，没有如果或但是，否则我永远不会抬起屁股，真的走出去修剪它们。

莎拉：你确实理解对了，鲍勃。我知道你的意思。只是在想“**如果**这样，就会那样”的人完全没有决断，即使那不是道德问题。要决定做什么，他们必须丢掉“如果”。但是，以实际的理由来行动和以道德的理由来行动之间仍然有区别。

鲍勃：要是你将实际的东西与道德的东西分隔在不同的大脑区间，那你怎么决定要做什么呢？你必须把它们放在一起。如果那些玫瑰是别人的，他又不想它们被修剪，那么，无论我多么希望玫瑰盛开，我去修剪它们都是错的，哪怕我知道如果我不去修剪，它们就不会盛开。

莎拉：你是对的，当我们决定做什么的时候，我们必须把实际的考虑和道德的考虑结合起来。要是让它们保持分离，在采取行动的时候，一方或另一方就会退出。

罗克珊娜： 那么你的道德思考是你做决策的整个系统的一个组成部分吗？

莎拉： 是的，否则道德思考就没有意义。

罗克珊娜： 你的怀疑论只适用于道德部分，还是整个系统？

莎拉： 你是什么意思，怀疑整个系统吗？它是做决定的，而不是做预测的。

罗克珊娜： 在决定做什么或不做什么时，你得到关于会做什么或不会做什么的结论。在决定不去修剪别人的玫瑰时，鲍勃得到玫瑰不会被修剪的结论。他的结论为真，当且仅当玫瑰**不会**被修剪。它为假，当且仅当玫瑰**会**被修剪。我问的是你是质疑鲍勃的结论还是只质疑他得出该结论的道德假设。

莎拉： 哦，我明白了。如果结论依赖于道德假设，而我怀疑道德假设，我最好也怀疑结论。如果一个关键的部分有功能障碍，整个系统也不会运行良好。因为我们的道德价值是我们做决策的整个系统中的关键部分，如果我怀疑道德价值，我最好也怀疑整个决策系统。

鲍勃：我又不懂了。道德价值怎么会有功能障碍？

莎拉：如果你的道德准则禁止你穿衣服，它不只是会让你做出道德上有问题的行为，它也会让你的实际生活变得混乱。

鲍勃：你会在冬天来临的时候被冻死。

罗克珊娜：那么莎拉怀疑我们的整个决策系统吗？

莎拉：那会是相当极端的，不是吗？人们做了那么多日常决定，看起来或多或少都是对的。尽管他们有时候以自我毁灭的方式来行动，但他们通常不那么做。或许我还是不应该这么怀疑我们的道德价值。

扎克：莎拉，像你这样的可错论者，为什么会怀疑人类的整体决策系统呢？从你的观点看，我们对成功行为的记录是值得吹嘘的事情吗？

莎拉：当然不是。我们在决定做什么时犯了许多错误。那是很明显的。但是我们做出了许多简单的，或多或少正确的日常决定，这不也是很明显的事情吗？

扎克：“明显”？这不就是我们的自我称赞么，莎拉？

莎拉：比那更好。如果一个物种的成员在决定要做什么时经常是混乱的，那么它们就不能幸存。老鼠都能在它们的日常生活中做出很好的实际决定。为什么人会差得多呢？

扎克：老鼠不用担心道德，莎拉。它们没有善恶。

莎拉：你是说道德妨碍了好的决策吗？它很复杂，这是毫无疑问的。但进化不是表明我们的道德价值观不会有太大的灾难性后果吗？我们人类幸存了下来，所以，即使有道德的负担，我们也不可能在做决策时做得太糟。关于要做什么，我们在避免得出错误结论方面肯定比随机选择做得更好。

扎克：我赞同你，莎拉。你可能会说，从完全实际的观点看，我们在做决定方面不会比老鼠更差。但从你之前的观点看，你怎么排除这种可能性：根据假定的“真”道德，我们的决策会导致灾难性的错误？从你的观点看，你怎么知道它不会让我们的物种做出大规模的自杀行为？

鲍勃：如果是那样，那我更喜欢不道德。

莎拉：扎克，你是假定了我有两个完全分离的观点，一个是完全实际的，另一个是道德的。但像鲍勃说的，当我决定做什么时，那不起作用。那时我会把它们整合成一个观点。当我想要一艘船的时候，道德说我不能偷一艘，而实际说我不能造一艘，所以我不得不买一艘。

鲍勃：你确实买得起。

莎拉：那是另一个实际的考虑。总之，在决定做什么时，我们将道德的考虑和纯粹实际的考虑混在一起。我们也以同样的方式对待他人的决定，或我们自己过去的决定。我们会对已经做过的事情进行评判，看当时的决定对不对。

扎克：莎拉，那不就是将完全相同的决策过程进行两遍，然后说它必定是对的吗？

莎拉：不。我们有后见之明。我们在回顾时通过它们的结果来评判决策。那是独立的检查。

扎克：我们仍然是使用同样的道德价值来评判结果，和我们之前用于做决定的一样，莎拉。

莎拉：是的，除非我们改变了看法。即使我们没有，那也不意味着在后见之明中我们总是将之前的决定判断为对。结果有时表明我们之前弄错了。这就像科学。我们用科学来解释我们的实验结果，但这不意味着我们从来不会认识到它们在何时证明我们的理论为假。

扎克：你喜欢科学和做决策之间的这个类比，是吗，莎拉？

莎拉：是的，我喜欢。在科学中，你对这一点可以非常自信，要是其中的关键部分错得无可救药，你的整个理论就会做出错误的预测。即使你不能对故障部分进行单独测试，这也成立。同样的推理也适用于我们的决策。而我们的道德价值观正是我们决策中的关键部分。

鲍勃：你让它听起来像一辆汽车。

莎拉：在某种方式上，它的确是。道德就像刹车，而不是 CD 播放器。它不是任选附件，它告诉我们**不要**做某些事情，比如谋杀。

鲍勃：我理解**那个**对比。但我们的决策怎么会像科学？这些等式怎么来的？

莎拉：我们马马虎虎地做决策是因为日常生活比科学实验更加混乱和不受控制，而日常思考也不像科学理论那样一贯和明确。但它们都适用相同的普遍原则。当然，我们已经知道我们的决策中包含许多缺陷和错误。一个预测被证明为假并不意外。

鲍勃：哪个是被证明为假的预测？

莎拉：任何明显错误的决定都是，比如烧死巫婆的决定。

鲍勃：我们不要再次讨论那个问题。

莎拉：总之，我对决策和科学的类比仍然成立。在决定做什么方面，我们不是完全无能的，而这依赖于我们的道德信念，因此它们假得离谱的概率非常低。

扎克：莎拉，我有必要一直提醒你在道德上有不可调和的分歧吗？

莎拉：不，扎克，没这个必要。那些道德分歧所表明的是大多数——也可能是全部——社会和个人都有一些——也可能是很多——错误的道德信念。我争论的不是那个。我只是在同之前让我担心的那种情形辩论，在其中我们的道德与真没有任何关联。普通人之间的道德分歧还不够极端，不足以建立那种情形。

罗克珊娜：在科学上也有不可调和的分歧。

扎克：我不得不说，莎拉，你关于道德真理的谈论与你对道德和科学的对比，在我看来是非常不合适的。道德不只是某种冷冰冰的与个人无关的东西。它涉及关怀他人的不同方式。

莎拉： 比如在木桩上烧死他们？

鲍勃： 莎拉是非常有同情心的人，扎克。

莎拉： 不管是不是有同情心，我都不是耳根子软的人。扎克给了我灵感，让我把道德与科学之间类比加以推广。长期来看，科学倾向于修正自己的错误。这同样适用于道德。长期来看，它也倾向于修正自己的错误。因此我很乐观：我像期待科学进步一样期待道德进步。

鲍勃： 比如呢？

莎拉： 我们已经知道奴隶制是错的。

罗克珊娜： 不论好坏，莎拉已经走了很长一段路了。

鲍勃： 我们都是。这是很长的旅行。

莎拉： 而在这段路之后，相对主义仍然哪里也去不了。

扎克： 那只是你的观点，莎拉。从我的观点看，它走得很好。好了，伙计们，真的很高兴认识你们，但我在火车到达终点前还有非常紧急的生意要谈。罗克珊娜，我仍然希望有一天能把你从逻辑的束缚中解放出来。

罗克珊娜： 这就像是要把我从骨架的束缚中解放出来。

扎克： 莎拉，我希望你有一天能意识到科学不能解释所有事情。

莎拉： 扎克，有一天科学会解释为什么这么多人希望它不能解释所有事情。

扎克： 鲍勃，希望你的腿能快速恢复，也希望有一天你能和你的邻居四目相对，达成和解。

鲍勃： 如果要凝视一个巫婆，那会是我做的最后一件事情。

扎克： 我很想对你的回答进行解构，但我必须走了。再会，罗克珊娜，莎拉，鲍勃！

莎拉： 再见，扎克！

鲍勃： 拜。

莎拉： 可怜的扎克，他从来没有弄对，是吧？

罗克珊娜： 从他的观点看，他一直都是对的。

莎拉： 他也想从我们的观点弄对。但他并没有成功。

罗克珊娜： 从他的观点看，他已经从我们的观点弄对了。

鲍勃： 他说的“解构”是什么意思？

罗克珊娜： 他的意思是他要拿回他自己的东西。

莎拉： 啊，看！他在和那个穿黑衣服的女人谈话。

鲍勃： 你是说，那个巫婆？

莎拉： 是她。

鲍勃： 她之前**的确**在经过时捡了他一根头发。他看起来像被施了魔法吗？

莎拉： 他精力旺盛地在谈话。那算吗？现在他们在看她的手袋，也在笑。

鲍勃： 一个不好的信号。

莎拉： 她看起来倒像被施了魔法。

罗克珊娜： 他终于为他的二手车找到顾客了。

莎拉： 我希望她不会付太多钱。

鲍勃： 车坏掉时，她还可以回到火车上。

莎拉： 太棒了，我们差不多准时到达了。

罗克珊娜： 不，我们迟到了一分钟。

莎拉： 天开始黑了。

鲍勃： 火车慢下来了。我们很快就会到站。

莎拉： 你看到从那棵树上飞起的鸟了吗？那是什么鸟？

鲍勃： 看起来像只猫头鹰。[①]

---

① 这里借用了德国哲学家黑格尔（Hegel，1770—1831）《法哲学原理》“序言”中的名言“密涅瓦的猫头鹰要等黄昏到来时才会起飞”，以比喻哲学的反思活动。

致 谢

在这个项目上，我的妻子安娜·拉德诺维奇·威廉森一直是我最有力的支持者和最严厉的批评家。许多朋友都作了贡献：里奇·罗伯森、凯瑟琳·尼古拉斯、詹妮弗·内格尔、艾米娅·斯里尼瓦桑和阿诺·瓦施克都做了大量详细的评论，而艾玛·米米卡、马贾卡·巴基斯、杜桑卡·尼科利奇、米洛斯拉娃·特拉伊科夫斯基、德拉甘·特拉伊科夫斯基、瑞伊·兰顿和亚历克斯·泰拉鲍姆也给出了有用的反馈。牛津大学出版社的彼得·莫切洛夫、保罗·博格西安以及两位匿名评阅人都为本书的改进提供了帮助。感谢所有人。

译后记

牛津大学的蒂莫西·威廉森教授无疑是我们这个时代最活跃也最有影响力的哲学家。他所写的《对与错的真相：四人对话录》值得我们所有人一读。这本书极具画面感，故事引人入胜，用我一个学生的话说，“读完之后就像看完了一部精彩的电影”。

我和威廉森教授的初次相识，得益于我的导师北京大学的陈波教授。威廉森在2009年9月应陈老师的邀请到中国的多所高校进行学术访问，我那时正好担任了他在北京大学访问期间的陪同和翻译。我当时的学术兴趣更多还在逻辑的技术方面，对其哲学方面的问题关心不够。但从那时起，我就保持着对威廉森哲学论著的持续关注。

这本书的翻译计划，起源于一次非常偶然的经历。2016年5月10—14日，我邀请陈波老师到四川大学开设校外名师讲坛。在我与陈老师交流的过程中，偶然讨论到威廉森的哲学著作。我说他写的通俗读物《对与错的真相：四人对话录》近年来也颇受关注，陈老师建议我将其译成中文。整个翻译计划得益于陈波老师的推荐和上海人民出版社的大力支持。特此致谢！

作为一本通俗读物，威廉森没有对本书给出任何注释。我最初担心，添加译者注会是画蛇添足，反而打消了读者的好奇心。但后来在翻译的过程中，我逐渐意识到，添加一些注释，对某些读者或许是有帮助的。借用维特根斯坦的一个比喻，这些东西只是梯子，爬上梯子之后就应该把梯子扔掉。希望我的翻译和我添加的注释，也能像梯子一样，对普通的读者走进哲学、了解哲学有所帮助。

翻译一本普及读物的难度和所用的时间，远远大于我的预期。在翻译期间，我得到了大量的帮助，在此致以最诚挚的谢意：威廉森本人回答了我的一些疑问和困惑，还特别为中译版写了序言；陈波老师不仅抽空审阅了整个译稿，还为本书撰写了中译本导读；我的学生蒋卉琪同学帮助阅读了早期译稿，也是她让我意识到有添加一些注释的必要。最后，还要特别感谢我的妻子和儿子。我的妻子不仅承担了大量的生活琐事，让我能专注于自己的研究，还用她专业的英语知识帮助我改进具体字句的翻译。我的儿子在给我带来巨大幸福的同时，也让我更加清楚地认识到自己的责任。希望他长到能读书识字的时候，也会喜欢阅读这篇对话录！

徐召清

初稿 2016 年 12 月 27 日

二稿 2017 年 2 月 16 日

图书在版编目(CIP)数据

对与错的真相:四人对话录/(英)蒂莫西·威廉森(Timothy Williamson)著;徐召清译.—上海:上海人民出版社,2017

书名原文:Tetralogue: I'm right, You are wrong

ISBN 978-7-208-14609-9

Ⅰ.①对… Ⅱ.①蒂… ②徐… Ⅲ.①哲学-普及读物 Ⅳ.①B-49

中国版本图书馆CIP数据核字(2017)第156712号

责任编辑 于力平
封面设计 零创意文化

对与错的真相:四人对话录
[英]蒂莫西·威廉森 著
徐召清 译
世纪出版集团
上海人民出版社出版
(200001 上海福建中路193号 www.ewen.co)
世纪出版集团发行中心发行 常熟市新骅印刷有限公司印刷
开本787×1092 1/32 印张6.75 插页4 字数106,000
2017年7月第1版 2017年7月第1次印刷
ISBN 978-7-208-14609-9/B·1284
定价 35.00元

Tetralogue: I'm right, You are wrong

Published by arrangement with Oxford Publishing Limited
Through Andrew Nurnberg Associates International LTD.